Das-Kind-geht-aus-dem-Haus-
KOCHBUCH

Renate Wagner-Wittula

Das-Kind-geht-aus-dem-Haus-
KOCHBUCH

Fotos von Kurt-Michael Westermann

Pichler Verlag

Inhalt

DER WEG IST DAS ZIEL   9
Eine kleine Einführung in die Wunderwelt des Kochens
Von der richtigen Vorbereitung, der perfekten Lagerung von
Lebensmitteln bis zu den wichtigsten Küchengeräten

BREAKFAST FOR BEGINNERS   33
Das Beste für einen guten Morgen

SNACKS FOR BAGS   57
Ideen für den kleinen, schnellen Imbiss zum Mitnehmen

HILFE, ICH HABE HUNGER!   75
Schnelle Rezepte bei plötzlichen Hungerattacken

RENDEZVOUS À DEUX   97
Menüvorschläge für ein unkompliziertes, aber effektvolles
Abendessen zu zweit in zwei Varianten

PARTYTIME   123
Finger food, Pikantes und Süßes für flotte Partys

CHECKPOINT MAMA   145
Einfache Tricks, um kritische Mütter und andere Gäste zu beeindrucken

DRINKS, DRINKS, DRINKS   161
Klassische Cocktails und Drinks für jede Gelegenheit

KEINE ANGST VOR GÄSTEN   173
Das Einmaleins des lockeren Gastgebers
Von der richtigen Menü-Zusammenstellung
bis zur perfekten Weinauswahl

Alphabetisches Register   186
Register nach Sachgruppen   188

HALLO LIEBE LESERIN, HALLO LIEBER LESER!

Jemand, der dich mag und dem dein Wohlergehen wichtig ist, hat dir vermutlich dieses Büchlein in die Hand gedrückt. Vielleicht hast du es auch selbst erstanden. In jedem Fall steht dir ein neuer Lebensabschnitt bevor, in dem du dich in Sachen kulinarischer Grundversorgung auf dich selbst verlassen willst oder musst. Du kannst selbst entscheiden, wann du was und wie viel davon isst. Keine mahnende Stimme im Hintergrund, die herumnörgelt, dass du schon wieder Hamburger oder Pizza verdrückst und dazu Cola trinkst. Doch du wirst sehen: Sobald der erste Freiheitsrausch verflogen ist, meldet sich deine Vernunft von alleine und fragt nach, ob du vielleicht nicht einmal etwas essen möchtest, das ein bisschen gesünder ist und dennoch gut schmeckt. Dann wirst du überlegen, selbst zum Kochlöffel zu greifen und tüchtig aufzukochen. Vielleicht lädst du auch Freunde ein, mit dir zu kochen?
Schon alleine das Gustieren, worauf man denn Appetit hätte, welches Gemüse gerade Saison hat und wo man alles einkaufen wird, bereitet Vergnügen. Bei diesem Vergnügen möchte ich dir helfend unter die Arme greifen, dir mit Rat und Tat zur Seite stehen.
Ich möchte dir einfach Freude am Kochenlernen vermitteln! Die hast du umso schneller, je früher du bereits ein paar Tipps und Tricks kennst, bevor du wirklich beginnst. Das erste Kapitel startet daher mit allerlei Wissenswertem rund ums Kochen und deine erste Küchenausrüstung. Dann wagen wir den Sprung ins Wasser, wobei ich dich mit dem üblichen Schema „Vor-, Haupt- und Nachspeise" nicht langweilen möchte. Die Rezepte sind nach Lebenssituationen aufgefächert, die dir beim Frühstück, an Lerntagen oder bei Partys so ganz nebenbei das Grundkönnen vermitteln. Info-Kästen sorgen dafür, dass auch dein theoretisches Wissen nicht zu kurz kommt, spezielle „Frage-Kästen" helfen vorhersehbare Probleme zu lösen. Die Rezepte selbst nehmen auf dein sicher nicht allzu opulentes Budget Rücksicht. Klar, dass dabei auch viel Gemüse und Obst für eine möglichst gesunde Ernährung im Vordergrund stehen, ohne dabei gleich ins Schulmeisterhafte abzugleiten. Zum Schluss werfen wir noch einen kleinen Blick auf Tischkultur und gepflegte Gastfreundschaft. Ja, und dann solltest du eigentlich eine Menge können!
Ob du überhaupt Zeit zum Kochen finden wirst? Hast du dir schon einmal überlegt, dass die meisten tiefgekühlten Fertiggerichte von Pizza über Lasagne

oder Schinkenfleckerln 20–45 Minuten Zubereitungszeit benötigen, Ham-and-Eggs oder herrliche Pastagerichte dagegen in maximal 10–15 Minuten herzustellen sind? Also diese Ausrede zählt nicht. Auch den Kostenfaktor kannst du nicht wirklich ins Treffen führen. Ein saftiger Schinken-Käse-Toast oder eine duftende Marmelade-Palatschinke lässt sich preislich nur schwer durch gekauftes Fast Food unterbieten.

Warum gerade ich dir dabei helfen möchte? Nun, ich habe selbst zwei Töchter (eine hat ihr Studium soeben beendet, die andere ist mittendrin), die zwar noch bei uns wohnen, in Punkto Essen aber ziemlich selbstständig sind. Mein Mann und ich sind beruflich viel unterwegs, da wir uns auch sonst mit gutem Essen beschäftigen und schon jede Menge Kochbücher gemeinsam verfasst haben. Da heißt es eben für die beiden jungen Damen: „Ran an den Herd!" Also weiß ich recht genau Bescheid, wie schwer es war, bis die erste Palatschinke umgedreht war, ohne zu zerreißen, das erste Schnitzel so gebraten war, dass man es nicht nur mit verbundenen Augen essen konnte. Mittlerweile kochen sie sich, oft auch mit Freunden, schon ganz tüchtig durch ihr Studentenleben – und haben jede Menge Spaß dabei. Vertraue mir, den wirst du auch haben. Und wie!

Ich wünsche dir dabei gutes Gelingen und noch mehr Gelassenheit, wenn es beim ersten Mal nicht gleich perfekt klappen sollte!

Renate Wagner-Wittula

Eine kleine Einführung in die Wunderwelt des Kochens
Von der richtigen Vorbereitung, der perfekten Lagerung von
Lebensmitteln bis zu den wichtigsten Küchengeräten

Jamie Oliver, Johanna Maier oder Johann Lafer – sie sind Superstars, sind zu Gast in zahllosen Fernseh-Shows und kassieren fette Beträge für Werbeauftritte. Sie sind wahre Meister ihres Faches.
Aber waren sie das immer schon? Nein, auch für sie gab es eine Zeit, als sie nicht wussten, wie lange man ein Ei hart kochen muss oder wie man ein Wiener Schnitzel knusprig bäckt. Einmal haben auch sie zum ersten Mal den Sparschäler zur Hand genommen und ihre erste Kartoffel geschält. Und auch bei ihnen ist vieles schiefgelaufen. Genauso wie es bei dir sicher manchmal der Fall sein wird. Doch davon darfst du dich nicht unterkriegen lassen.
Im Gegenteil: Jedes zerquetschte Ei, das mitsamt der Schale in der Pfanne landet, macht dich für den folgenden Versuch sicherer, jeder angebrannte Reis lässt dich beim nächsten Mal aufmerksamer sein. Stell dir eine Art Bonus-Liste an Erfahrungen, die du bereits gemacht hast, zusammen und kleb sie an den Kühlschrank. Du wirst sehen, sie wird jeden Tag länger werden und bald kannst du sie zu den Kindergarten-Zeichnungen in die Erinnerungsbox geben.
Damit dieses Sammeln von Erfahrungen nicht allzu schmerzhaft für dich wird, möchte ich dir – bevor es wirklich ans Eingemachte geht – einige kurze Ratschläge geben.

Rat & Tat
Die 10 besten Tipps vor dem Kochen

- Nimm dir Zeit fürs Kochen, denn Hektik birgt Gefahren! Du bist am Anfang noch nicht so vertraut im Umgang mit Messern, mit überschäumenden Suppen, mit platzenden Eiern. Nur wer mit Gelassenheit kocht, kommt heil ans Ziel.

- Überlege dir genau, was du kochen willst, was du dazu brauchst und ob du auch wirklich alle Zutaten zu Hause hast. Wenn der Schnee einmal geschlagen ist, solltest du nicht mehr um das Mehl einkaufen laufen müssen.

- Checke, ob du richtig gekleidet und frisiert bist. Klingt lustig, ist es aber nicht. Die langen, offenen Haare meiner großen Tochter in den rotierenden Mixstäben und die am Gitterrost über der Gasflamme hängen gebliebene Ärmelrüsche meiner jüngeren könnten dir ja erspart bleiben. Also schon aus Hygienegründen Haare zusammenbinden (gilt übrigens auch für Burschen) und etwas Praktisches anziehen, das auch schmutzig werden darf.

- Schaffe Platz auf deiner Arbeitsfläche. Wenn die super al dente gekochten Spaghetti auf dem Teller angerichtet werden sollen, hast du keine Zeit mehr, Platz dafür freizuschaufeln.

- Bereite alle Zutaten, die du benötigst, zuerst vor. Wenn das Öl heiß ist, sollte der Speck bereits geschnitten und der Knoblauch geschält sein. Gib jede Zutat auf einen kleinen Teller oder in eine kleine Schüssel. Das nennen Profi-Köche übrigens „Mise en place", also „auf den Platz gestellt", und legen größten Wert darauf.

- Erinnere dich, wo du die Heftpflaster aufbewahrst und versuche ruhig zu bleiben, wenn wirklich etwas schiefgeht und du eine Brandwunde oder ein Cut abbekommen hast. Dreh einfach alles ab, setz dich hin und atme ruhig durch. Nach ein paar Minuten sieht die Welt wieder besser aus.

- Decke schon vorher den Tisch und denke daran, dass das Auge immer mitisst. Auch wenn du alleine bist.

- Entscheide dich, was du dazu trinken möchtest. Wenn die Schüsseln schon dampfen, solltest du nicht erst anfangen Orangen auszupressen.

- Wenn du dann am Kochen bist, versuche Dinge, die du nicht mehr brauchst, zwischendurch gleich wegzuräumen oder abzuwaschen. Alles, was eintrocknet, lässt sich nachher viel schwerer und zeitaufwändiger reinigen. Aber mach dir keinen Stress deswegen! Kochen soll ja vor allem auch Spaß machen.

- Kontrolliere, ob du auch wirklich alle Flammen abgedreht hast, sobald du angerichtet hast. Sonst kriegst du womöglich doch noch Stress!

Erste-Hilfe-Paket

Mit ein bisschen Kreativität und diesem Mini-Vorrat wirst du nicht verhungern

DAS SOLLTE EIGENTLICH IMMER DA SEIN

Butter
Eier
Geschälte Tomaten in der Dose
Gurkerl
Kartoffeln
Käse
Kondens- oder Haltbarmilch
Knäckebrot
Knoblauch
Marmelade
Mehl
Nudeln, Reis und/oder Couscous
Oliven- und/oder Pflanzenöl

Packerlsuppe
Parmesan
Salz
Sauerrahm, Crème fraîche oder Panna (auch als Haltbarprodukte)
Speck, Dauerwurst oder Corned Beef (aus der Dose)
Truthahn-, Schinkenaufstrich (abgepackt) und/oder Thunfisch aus der Dose
Zucker
Zwiebeln

DAS KANNST DU DARAUS MACHEN

Aufstrich-Cracker
Corned-Beef-Zwiebel-Sandwich
Couscous mit Speck und Tomaten
Eierspeis'
Gekochte Kartoffeln mit Butter und Rahm
Gratinierte Palatschinken mit Speck und Tomaten gefüllt
Ham and Eggs
Kartoffelpfanne mit Speck und Käse
Kartoffelpüree mit knusprigem Speck
Käsenudeln mit Speck

Käse-Palatschinken
Marmelade-Palatschinken
Reispfanne mit gehackten Tomaten und Speck
Rösti mit Speck und Spiegelei
Schinken-Käse-Reis
Schinken-Palatschinken
Schinken-Risotto mit Parmesan
Spaghetti mit Speck-Tomatensugo
Spaghetti mit Thunfisch-Sugo
Suppe
Thunfischbrot mit Zwiebelringen
Weiches Ei mit Butter-Knäckebrot

Der Weg ist das Ziel

Shoppen macht Spaß!

Auch dann, wenn es um Lebensmittel geht. Das wirst du spätestens beim ersten Bummel durch einen bunten Markt mit exotischen Früchten und faszinierenden Düften feststellen. Aber auch gut bestückte (Bio-)Supermärkte mit einladender Frischobst-Ecke und duftendem Gebäck machen das Einkaufen zum Freizeitspaß. Wichtig ist dabei nur, dass du dir genug Zeit nimmst und mit einer positiven Grundeinstellung an die Sache herangehst. Einkaufen wirst du nämlich trotzdem gehen müssen, und wozu du nicht „Nein" sagen kannst, sag mit Freuden „Ja".

Halte also Ausschau nach **Märkten** in deiner neuen Umgebung, die auch in Stadtplänen meist verzeichnet sind. Oft gibt es auch samstags Wochenmärkte, auf denen Bauern topfrische Produkte anbieten. Suche nach Lebensmittelfachgeschäften, kleinen Bäckereien und vertrauenserweckenden Fleischhauern. Die Bedienung ist dort meist freundlicher und die Ware frischer, da man die treue Stammklientel nicht vergrämen darf.

In gut sortierten Supermärkten lässt's sich allerdings ebenfalls **umweltbewusst** und **qualitätsvoll** einkaufen. Viele Produkte sind bereits mit speziellen **Symbolen** (z.B. ERNTE, Ama-Gütesiegel, JA!Natürlich, Fair Trade u.ä.) gekennzeichnet, die sie aus biologischer Ernte stammend oder unter umweltbewussten Bedingungen hergestellt ausweist. Soviel Sorgfalt hat freilich ihren Preis, bedeutet aber nicht automatisch, dass die Äpfel praller und die Paprikaschoten größer sind. Nicht selten ist es sogar umgekehrt. Lass dich also nicht von der Optik täuschen!

Apropos Optik: Wirf einen Blick auf das **Ablaufdatum,** bevor du etwas in den Einkaufswagen räumst. Das ist zwar manchmal schwer zu finden, aber die Mühe lohnt sich. Dazu ein Tipp: Wenn du schon im Vorhinein weißt, dass du etwas nicht gleich brauchen wirst, so greif im Regal ganz nach hinten. Dort sind meist die Packungen mit dem längsten Ablaufdatum eingereiht. Grundsätzlich solltest du vor allem von frischen Lebensmitteln nur so viel einkaufen, wie du auch innerhalb der nächsten Tage wirklich verbrauchen kannst. So vermeidest du schimmeligen Käse, altbackenes Brot und unnötige Kosten. Alles in allem sollte ein vernünftiger Mix aus Information, Gefühl und – nicht zuletzt – aktueller Budgetsituation Grundlage deiner Kaufentscheidung sein.

Auf die richtige Lagerung kommt es an!

Du bist stolz auf deine prall gefüllte Einkaufstasche, hoffst, dich für das Richtige entschieden zu haben. Fleisch, Eier, Brot, Kartoffeln – alles ist da, aber wohin jetzt damit?? Am einfachsten wäre freilich, alles in den leeren Kühlschrank zu stopfen. Ist aber nicht die perfekte Lösung für jedes Lebensmittel. Im Folgenden ein kleiner Leitfaden, was wohin gehört und wie lange es dort bleiben darf.

BROT

Grundregel Nr. 1: Pack weißes und schwarzes Brot nie zusammen in ein Plastiksackerl. Das bringt Verderben! Nicht unmittelbar für dich, aber für dein Brot. Die beiden Sorten passen nicht zueinander, lassen einander schwitzen und schimmeln. Also jedes Brot getrennt dunkel, trocken und kühl (aber nicht im Kühlschrank), am besten in einer Brotdose oder einem Brotbeutel aufbewahren. Weißbrot hat eine wesentlich kürzere Lagerfähigkeit (wenige Tage, französisches Baguette oft nur wenige Stunden) als Schwarzbrot (1 gute Woche). Du kannst Brot übrigens auch (scheibenweise) tiefkühlen und dann wieder langsam auftauen. Nicht mehr knuspriges Weißbrot (Semmeln, Baguette etc.), solltest du nicht wegwerfen, sondern einfach bei niedriger Hitze in einer beschichteten Pfanne mit Deckel (oder im Backrohr) langsam aufbähen. Ist das Weißbrot wirklich altbacken, dann gibt es immer noch eine sinnvolle Verwendung: Entweder du schneidest es mit einem scharfen Messer in kleine Würfel und verwendest es für Croûtons (in Cremesuppen) und Semmelknödel, oder du reibst das Brot zu Bröseln. Altbackenes Schwarzbrot in guter Rindsuppe aufkochen, verschlagenes Ei sowie Petersilie dazu und genießen!

BUTTER, MARGARINE UND SCHMALZ

Dafür gibt es in deinem Kühlschrank ein Butterfach, das die Butter kühl, aber dennoch streichfähig hält. Ablaufdatum beachten! Wurde die Butter einige Tage nicht verwendet, so bildet sich an der Oberfläche mitunter eine dunkelgelbe Schicht.

Der Weg ist das Ziel   17

Liegt das Ablaufdatum dabei noch fern, so kratze diese Schicht mit einem Messer einfach großzügig weg.

EIER
Die solltest du wirklich wie ein rohes Ei behandeln! Also ab ins Eierfach deines Kühlschranks, damit sie nicht mit anderen Lebensmitteln in Berührung kommen und möglicherweise Salmonellen übertragen. Die Eier tragen einen Stempel, auf dem du das Ablaufdatum bzw. das letztmögliche Verkaufsdatum ablesen kannst . Außerdem gibt dieser Stempel auch noch Auskunft, ob dieses Ei aus biologischer (=0), Freiland-(=1), Boden- (=2) oder Käfighaltung (=3) stammt.

FISCH
Ich gehe davon aus, dass dein Fisch frisch ist, und das sollte er auch bleiben. Pack ihn gut in Frischhaltefolie ein und lagere ihn an der kühlsten Stelle des Kühlschranks (ideal sind 1–2 °C) möglichst kurz, aber maximal 1–2 Tage. Kannst du absehen, dass du ihn nicht rasch verarbeiten wirst, lieber gleich tiefkühlen.

FLEISCH
Wie lange du Fleisch aufbewahren darfst, hängt von der Sorte ab. Geflügel (Truthahn, Huhn) sollte nicht länger als 1–2 Tage gelagert werden, Schweinefleisch ca. 3 Tage, Rindfleisch (Roastbeef und Steak) kannst du (vor allem vakuumverpackt) auch deutlich länger lagern. Lammkoteletts und Steaks (Beiried) könntest du auch würzen und in Öl einlegen (marinieren). Faschiertes solltest du am besten sofort, spätestens aber nach 24 Stunden verarbeiten. Auch Fleisch am Knochen (Koteletts, Suppenfleisch) will relativ rasch verwendet sein. Und für alles gemeinsam gilt: wirklich kühl halten und am besten in Klarsichtfolie einschlagen (oder in der Verpackung lassen)!

GEMÜSE
Vorbei sind die Zeiten, in denen Kartoffeln und Gemüse im dunklen Keller oder in der kühlen Speisekammer gelagert wurden. Dabei wären diese Bedingungen die besten für dein Gemüse. Dafür hast du ein Gemüsefach ganz unten in deinem Kühlschrank, in dem du Gemüse, je nach Sorte, einige Tage (Karfiol 1–2 Tage,

Kohlrabi ca. 1 Woche, Karotten 3–4 Wochen) lagern kannst. Tomaten und Kartoffeln (s. u.) solltest du aber nicht im Kühlschrank aufbewahren.

KAFFEE UND TEE
Wenn du die Packung nach dem Öffnen nicht mehr gut verschließen kannst, ist es besser, Kaffee oder Tee in aromageschützten Dosen trocken zu lagern.

KARTOFFELN
Bitte packe deine Kartoffeln, die du möglicherweise gerade am Bauernmarkt gekauft hast, nicht in ein normales Plastiksackerl! Sie schwitzen dort nur und werden rasch faulig. Sie fühlen sich am wohlsten, wenn sie dunkel, kühl und trocken, am besten in einem Kartoffel- oder Papiersack je nach Sorte und Qualität 3 Wochen bis 6 Monate liegen dürfen. Alles, was keimt oder grün ist, vor dem Kochen unbedingt wegschneiden!

KÄSE
Frisch gekauften Käse lässt du am besten in der Originalverpackung und lagerst ihn im Kühlschrank. Je härter der Käse, desto länger haltbar ist er, – Frischkäse einige Tage, Parmesan monatelang. Rotschmier-, Weißschimmel- und Hartkäse solltest du etwa 90 Minuten vor dem Essen aus dem Kühlschrank nehmen, damit sie ihr Aroma entfalten können. Den nicht verbrauchten Käse schlägst du dann gut in Frischhaltefolie ein, bevor du ihn wieder in den Kühlschrank legst.

KRÄUTER
Frische Kräuter stellst du in ein Glas mit Wasser (täglich wechseln!), oder schlägst sie in ein feuchtes Tuch ein, wobei sie meist nicht länger als 2–3 Tage haltbar sind.

MARMELADE
Ungeöffnete Gläser solltest du dunkel und kühl lagern. Ist das Glas einmal offen, so hole bitte nicht mit jenem Löffel, mit dem du gerade das Frühstücksei gegessen hast, die Marmelade heraus! Marmelade schimmelt sehr rasch! Also sauberer Löffel und dann ab in den Kühlschrank!

MILCH

Gehört bis zum Ablaufdatum in den Kühlschrank. Da dieses meist sehr knapp bemessen ist, kannst du verschlossene Milch mitunter auch darüber hinaus trinken. Vorausgesetzt, sie riecht einwandfrei. Probe: Alte Milch hat einen unangenehmen Geruch (einen „Stich"), den du sofort merkst.

OBST

Versuche Obst nach Saison zu kaufen. Das schmeckt am besten und ist meist am preiswertesten. Hochgezüchtetes Obst, das viele Flugstunden hinter sich hat, verfällt manchmal schon am Weg vom Supermarkt nach Hause. Im Allgemeinen wird Obst trocken und nicht zu warm gelagert, wobei du Äpfel lieber nicht neben anderes Obst legen solltest, da sie andere Früchte schneller reifen und alt aussehen lassen. Wichtigster Ratschlag: Nicht zu viel kaufen und rasch verbrauchen!

ÖL

Muss dunkel sowie kühl gelagert, nach dem Öffnen gut verschlossen und möglichst rasch verbraucht werden. Profiköche lagern empfindliche Öle sogar im Gemüsefach des Kühlschranks. Überlagertes Öl riecht ranzig und eignet sich für gar nichts mehr. Vermutlich ist es für dich ratsam, keine 5-Liter-Gebinde zu kaufen, es sei denn du schmeißt eine Pommes-Party nach der anderen. Übrigens: Größere Mengen von gebrauchtem Öl nicht in den Abfluss schütten, sondern wieder in eine leere Flasche füllen und bei der nächsten Müll-Sammelstelle abgeben.

TEIGWAREN, REIS, COUSCOUS

Wäre eigentlich problemlos in der Lagerung, da diese Dinge einfach trocken und nicht zu warm aufbewahrt werden sollten. Allerdings „importiert" man vom Supermarkt manchmal die ungeliebten Lebensmittelmotten! Du erkennst das an den hauchdünnen Fäden, die plötzlich zwischen den Reiskörnern oder im Couscous auftauchen. Einzige Waffe dagegen: die Packungen nicht monatelang unberührt stehen lassen, das Regal sauber halten und Reis etc. eventuell in gut verschließbare Gläser oder Dosen umfüllen.

TIEFKÜHLEN

Viele Lebensmittel kannst du tiefkühlen. Pack sie dafür gut in Tiefkühlbeutel oder gefriergeeignete Frischhaltedosen ein, kühl das Tiefkühlfach kräftig runter und gib die kalten (!) Lebensmittel hinein. Je nach Produkt kannst du es dann 3–12 Monate tiefkühlen. Keinesfalls tiefkühlen solltest du: Eier, Bananen, Äpfel etc. Gemüse musst du dafür erst vorbereiten (schälen, zerkleinern und kurz in Wasser aufkochen). Fisch, Fleisch, klare Suppe, Gebäck und Wurst eignen sich gut zum Tiefkühlen.

WURST

Muss – abgesehen von Salami, Räucherspeck und anderen Dauerwürsten – in den Kühlschrank, in Folie oder in Frischhaltedosen verpackt, und ist dort wenige Tage oder bis zum Ablaufdatum haltbar. Schinken und Wurst, die beim Anfassen „schmierig" wirken oder dumpf riechen, solltest du sofort wegwerfen. Denke daran, wie lange dich ein verdorbener Magen außer Gefecht setzen würde!

Messer, Gabel, Schere ...

Küchengeräte boomen. Was gibt es da nicht alles zwischen elektrischen Eierkochern, Häckslern und automatischen Al-dente-Testern? Das Meiste davon wirst du anfangs sicher nicht brauchen, einiges davon unbedingt. Mein kleiner Leitfaden versteht sich nicht als Liste von „Musts", sondern als Kompass durch einen ziemlich unüberschaubaren Dschungel. Teller, Gläser sowie Besteck muss ich ja dabei nicht extra erwähnen, oder?

■ = wäre super, aber „ohne" verhungerst du nicht
■ = da kommst du nicht drum herum

■ ALUFOLIE
Ein Tausendsassa in Sachen Einwickeln, Abdecken und Zudecken, der noch dazu viel leichter handzuhaben ist als sein widerspenstiges Gegenstück, die Frischhaltefolie. Um zu verhindern, dass Gebackenes oder Gebratenes (Kuchen oder Braten) zu rasch braun wird, deck es einfach mit Alufolie ab. Wenn du Alufolie mit Fett bestreichst, kannst du sogar Fleisch oder Fisch darin einwickeln und am Grill oder im Backrohr braten. Willst du gebratenes Fleisch oder gegarten Fisch kurz warm halten, so pack es/ihn einfach gut in Alufolie ein.

■ BACKPAPIER
Wenn du gerne bäckst, wirst du gerne auf dieses Helferlein zurückgreifen, da du dir damit das lästige Einstreichen von Backformen und -blechen mit Öl oder flüssiger Butter sparst.

■ BACKPINSELCHEN
Die maßvollen Anschaffungskosten für einen kleinen Pinsel, mit dem du Backformen mit flüssiger Butter ausstreichen kannst, machen sich sicher bezahlt. Allerdings kannst du die Form auch mit einem Stück zimmertemperierter Butter, das du einfach zwischen die Finger nimmst, einfetten.

■ BRATENWENDER
Ob Omelett, Schnitzel oder Spiegelei – ohne ihn läuft gar nichts. Diesen „Unentbehrlichen" gibt es mit Metall-, Holz- oder Kunststoffschaufel, teuer oder billig –

Das-Kind-geht-aus-dem-Haus-**KOCHBUCH**

wichtig ist alleine, dass er dir gut in der Hand liegt und dass die Schaufelfläche nicht zu dick ist. Immerhin solltest du damit hauchdünne Palatschinken wenden können.

■ DOSENÖFFNER

So du nicht ein Radikalverweigerer aller konservierten Lebensmittel bist, wird er dir so manchen guten Dienst erweisen, auch wenn mittlerweile schon zahlreiche Konservendosen mittels Aufreiß-Verschluss zu öffnen sind. In der Regel gilt auch hier, dass die guten alten Dosenöffner die einfachsten und billigsten sind.

■ EIER-ANSTECHER

Mit diesem kostengünstigen Ding kannst du ein Ei an der stumpfen Wölbung kurz anstechen und dadurch so gut wie sicher sein, dass es beim Kochen nicht springt. Dasselbe lässt sich freilich auch mit einer Stecknadel bewerkstelligen.

■ EI-TEILER

Gekochte, harte Eier in genormte, regelmäßige Scheiben zu schneiden, zählt wahrlich nicht zu den wichtigsten Dingen des Lebens. Aber es erleichtert den Küchenalltag und sieht zudem nett aus.

■ FLASCHENÖFFNER/KORKENZIEHER

Du kannst leider nicht darauf vertrauen, dass sich einer deiner Gäste auf das Kunststück versteht, Kronenkorken mit den Zähnen zu öffnen oder Weinflaschen mit einem Säbelhieb zu köpfen. Ein Modell, das sowohl Weinkorken als auch Kronenkorken bewältigt, gehört also zur Grundausstattung.

■ FRISCHHALTEDOSEN

Frisch gemachter Aufstrich, übrig gebliebene Suppe, Reste vom Couscous – all das lässt sich problemlos in praktischen Plastikbehältern aufbewahren oder tiefkühlen, da dieselben luftdicht schließen (sollten). Am besten legst du dir 2–3 in verschiedenen Größen zu.

■ FRISCHHALTEFOLIE

Auch wenn dir beim Abreißen so mancher Fluch über die Lippen kommen wird, für eine sachgerechte Lagerung (mit Aromaschutz) von Lebensmitteln ist sie unverzichtbar. Ein aus der Packung gerissener Käse, ein Stück angeschnittene Wurst oder ein nicht zu Ende gegessenes Sandwich lässt sich so am besten frisch halten.

■ KNOBLAUCHPRESSE
Echte Kochprofis rümpfen dabei die Nase, da der Knoblauch beim Durchdrücken durch die Presse viel von seinem Aromastoff Alliin verliert, was ihn (für manche zu) stark duften bzw. schmecken lässt. Wenn es aber schnell gehen muss, nimmt man das – durchaus nicht für jeden unangenehme – Knoblaucharoma gerne in Kauf und erspart sich das Feinschneiden. Aber Achtung! Gleich nach dem Gebrauch waschen, da eingetrockneter Knoblauch nur sehr schwer wieder zu entfernen ist.

■ KOCHLÖFFEL
Da kommst du echt nicht drum herum. Ein kleiner mit kurzem und ein größerer mit längerem Stiel sind aber auch schon genug. Holz ist sympathischer, Kunststoff hygienischer – also letztlich eine Frage des persönlichen Geschmacks.

■ KUCHENFORM (SPRING-, GUGELHUPFFORM)
Selbst wenn du kein Backrohr hast, lässt sich in einer Springform so allerlei zaubern (Malakofftorte, Obsttorte aus gekauftem Tortenboden, aber auch pikante Palatschinkentorte mit Lachs oder Schinken gefüllt). Als Springform bezeichnet man eine Tortenform, deren Ring geöffnet und somit abgehoben werden kann. Für passionierte Backefrohs ohnehin unerlässlich. Es gibt auch Springformen mit einem Einsatz für Ringkuchen (Savarin, Kärntner Reindling etc.), in die du durchaus auch Kuchenteige für Rehrücken oder Gugelhupf o. ä. füllen kannst. Eine längliche Rehrücken- oder Kuchenform brauchst du hingegen, wenn du sehr gerne Kuchen (z. B. Teekuchen) oder Terrinen bäckst. Auch Sulzen kannst du in einer Kuchenform erstarren lassen. Für großflächige Kuchen (süß oder pikant) benötigst du eine größere, rechteckige Kuchen- oder Bratenform, in der du auch große Bratenstücke wie Brathendl oder Schweinsbraten im Backrohr braten kannst. Achte beim Kauf darauf, dass sie praktische Griffe oder Aussparungen besitzt, damit du die heiße Form auch gut herausheben kannst. In jedem Fall würde ich dir dabei zu einem Qualitätsprodukt, etwa einer beschichteten Form, raten, die dir später viel Kummer und Zeit beim Abwaschen ersparen kann.

■ KÜCHENKREPP-PAPIER
Starkes, saugfähiges Küchenkrepp-Papier sollte stets zur Hand sein. Damit kannst du nicht nur allerlei Verschüttetes und Gepatztes rasch zum Verschwinden bringen, du brauchst es auchzum Abtupfen von in Fett Gebackenem (Wiener Schnitzel, Pommes etc.) oder zum letzten Aufpolieren eines nicht ganz sauber angerichteten Tellers.

■ KÜCHENSCHERE
Hermetische Nudelpackungen, störrisch eingeschweißte Wurst, widerspenstige Klarsichtfolie – eine solide Küchenschere mit praktischen Griffen sollte da schnell Abhilfe schaffen. Manche Modelle haben sogar Rillen zum Dosenöffnen.

■ KÜCHENWAAGE
Praktisch wäre es, sich ein einfaches Exemplar zuzulegen, vor allem, wenn du vorhast, dich hin und wieder beim Kuchenbacken zu profilieren. Besonders empfehlenswert sind dabei Küchenwaagen, die sich immer wieder auf das aktuelle Gewicht verstellen lassen (per Knopfdruck bei Digitalanzeige oder Verstellen des Zeigers auf der Skala). So kannst du beim Backen die Zutaten direkt zugeben und gleichzeitig wiegen. Im normalen Küchenalltag kannst du allerdings durchaus darauf verzichten. Vertrau ruhig auf dein Schätzungsvermögen! Sieh dir die Packungsgrößen der Lebensmittel an und nimm dann die Hälfte, ein Drittel usw. Wenn es um kleine Mengen Mehl, Zucker oder Butter geht, ein Tipp: 1 Esslöffel wiegt ca. 20 Gramm.

■ MESSER
Gute Köche haben gute Messer! Diese alte Küchenweisheit trifft auch und besonders auf Anfänger zu. Einer der am meisten verbreiteten Irrtümer ist der Aberglaube, dass man sich mit scharfen Messern rascher in den Finger schneidet als mit stumpfen. Im Gegenteil: Stumpfe Messer bergen die größte Verletzungsgefahr! Sie schneiden schlecht, rutschen folglich leicht ab – und zack, es ist passiert. Also: Leg dir zwei, drei gute Messer zu, bei deren Anschaffung du lieber nicht sparen solltest. Es müssen ja nicht gleich teuerste Samurai-Messer aus zig-fach gefaltetem Stahl sein. Wichtig ist vor allem, dass dir der Griff gut in der Hand liegt und die Klinge aus solidem Stahl gefertigt ist. Sehr preisgünstige Messersets mit gut einem halben Dutzend Messer sollten dir verdächtig sein. Da wird oft nur billigste Massenware unters Volk gebracht.

Brauchen wirst du vor allem ein kleines Gemüsemesser mit Wellenschliff, mit dem du auch Käse, Speck oder Wurst schneiden kannst, sowie ein großes Messer mit glatter Klinge zum Schneiden von Fleisch, Bratenstücken oder Torten. Brot schneidest du am leichtesten mit einem großen Messer mit Wellenschliff.

■ MIXER/MIXSTAB

Meiner Großmutter kam keines dieser Dinger in die Küche. Sie schlug den Germteig mit dem Kochlöffel, den Eischnee mit dem Schneebesen und Schäumchen-Suppen waren noch nicht „in". Geht also auch ganz ohne. Wenn du gerne ab und zu bäckst, wird dir ein Mixer mit Rührstäben und Knethaken allerdings sicher gute Dienste leisten. Mit den Rührstäben schlägst du lockeren Teig, Eischnee oder Schlagobers. Knethaken verarbeiten festen Teig, wie etwa Germteig. Mit dem Mixstab lassen sich aus gekochtem Gemüse feine Cremesüppchen, Saucen oder Pürees zaubern. Eine extrem schnelle und unkomplizierte Zubereitungsweise, die gerade bei jungen Leuten auf größten Anklang stößt.

■ NUDELWALKER

Steht bei dir mindestens einmal in der Woche selbst gemachte Pizza auf dem Speiseplan, so wirst du auf die Dauer nicht darauf verzichten wollen. Mit einigem Erfindungsgeist lässt sich der auch Rollholz genannte Nudelwalker allerdings durchaus ersetzen. Etwa durch eine sauber gewaschene Weinflasche, oder du drückst den Teig mit den Handballen oder Fingerknöcheln in die gewünschte Größe. Auf diese Weise hauchdünnen Nudelteig zuzubereiten, grenzt jedoch an Schwerarbeit.

■ PFANNEN

Profi-Köche bevorzugen meist Edelstahl- oder Gusseisenpfannen, die sich am besten zum Braten bei großer Hitze eignen. Gegenargument: Die Rückstände des Gebratenen bleiben leicht haften und die Pfanne lässt sich mitunter nur schwer wieder reinigen. Innen beschichtete Pfannen haben zwar eine kürzere Lebensdauer, erhöhen aber dafür deinen Komfort. Ein längeres Leben schenkst du beschichteten Pfannen, indem du niemals direkt in der Pfanne schneidest, nicht mit scharfen, kantigen Bratenwendern darin herumstocherst oder schabst und beim Abwaschen keine Drahtschwämme benützt. Und Spülmaschine ist sowieso tabu! Das beschädigt den beschichteten Belag nach-

haltigst! Bevor du eine Pfanne kaufst, erkundige dich, ob sie auch für deinen Herd geeignet ist. Ob Gas-, Elektro- oder Induktionsherd – nicht jede Pfanne eignet sich für jeden Herd. Was den Anschaffungspreis betrifft, so gilt auch hier die alte Regel: Wer billig kauft, kauft teuer. Zu billige Pfannen rächen sich rasch durch schlechte Qualität. Also würde ich dir zur Mittelklasse raten und mir die Luxusklasse für die nächste Übersiedlung aufheben.

Wenn du in Sachen Kochen meist als Single unterwegs bist, so wirst du vorerst mit einer kleinen bis mittelgroßen Pfanne auskommen, in der du Spiegeleier, Palatschinken, Gemüse oder Fleisch braten kannst. Lädst du gerne Freunde ein, so benötigst du auch noch eine größere Pfanne oder einen Wok. Als Wok bezeichnet man eine große, bauchige Pfanne, die in der asiatischen Küche unentbehrlich ist. Darin brätst du bei sehr großer Hitze klein geschnittenes Gemüse, Fleisch, Fisch oder Tofu. Durch die große Hitze, die sich beim ständigen Rühren schön gleichmäßig verteilt, wird alles sehr rasch gegart, bleibt bissfest und gesund. Und im Ernstfall kannst du sogar – in reichlich heißem Öl – Wiener Schnitzel darin backen.

■ PFEFFERMÜHLE

Frisch gemahlener Pfeffer aus der Mühle verleiht den Speisen einfach ein besseres Aroma als fein gemahlener Pfeffer aus dem Sackerl. Deine Pfeffermühle muss ja nicht unbedingt ein Kultobjekt aus der Designer-Werkstätte sein. Oft werden im Supermarkt Pfefferkörner gleich in einem Glas mit Mahlwerk angeboten. Oder wünsch dir zum nächsten Anlass eine pfiffige Pfeffermühle!

■ REIBEISEN

Vergiss die sündteuren Gemüse-Blitz-Alles-Raffel-Reibeisen mit hunderterlei Ein- und Aufsätzen, die von heiseren Marktfahrern in Einkaufszentren feilgeboten werden. Sie kosten Geld, nehmen viel Platz weg und können letztlich auch nur eines: raffeln und reiben. Genau das kann ein einfaches Reibeisen auch. Mit einem Schlitz, auf dem du Gurken, Kartoffeln und Gemüse in Scheiben raffeln kannst, mit einer feinen Reibfläche zum Reiben von hartem Käse, Kren oder Muskatnuss und einer groben Fläche zum Raspeln von Karotten oder Kartoffeln. Ob du dabei das einfachste Modell mit nur einer Seite oder eine vierseitige Reibe, die du auch auf einen Teller stellen kannst, bevorzugst, ist letztlich Geschmackssache. Reinigen lässt sich die einfachste Variante freilich am schnellsten. Aber mit Flaschenbürste und starkem Wasserstrahl rückst du auch der komplizierteren Variante problemlos zu Leibe. Wenn du mal kein Reibeisen zur Hand hast, dann heißt es eben schneiden, schneiden, schneiden ...

■ SCHAUMLÖFFEL UND KNÖDELHEBER

Du wirst ihn nicht täglich benötigen, aber wenn, dann ist er eigentlich kaum zu ersetzen. Ob du nun flaumig gekochte Knödel aus dem Wasser heben oder al dente gekochte Nudeln direkt in das Sugo umschaufeln möchtest – mit einem kleinen Kochlöffel wirst du dabei nicht das Auslangen finden. Es gibt breite, eher flache Schaumlöffel, mit denen du nicht zu schwere, gebratene Fisch- oder Fleischstücke wenden oder herausheben kannst, aber auch richtige Knödelheber für jeweils einen Knödel.

■ SCHNEEBESEN

Fürs schnelle Durchschlagen von Saucen, Suppen & Co. sehr praktisch, für Back-Verweigerer und Mixer-Besitzer allerdings nicht unbedingt erforderlich.

■ SCHNEIDBRETT

Sobald es ans Kochen geht, ist ein ordentliches Schneidbrett unentbehrlich. Für deine Alltagsküche wird dir vermutlich ein kleineres Brett genügen, für aufwändigere Gerichte, bei denen viel Gemüse geschnitten oder ein großes Stück Fleisch bzw. Fisch bearbeitet werden muss, wirst du dir wohl ein größeres Brett zulegen müssen. Bretter aus Kunststoff sind hygienischer und können zumeist auch im Spüler gewaschen werden. Holzbretter sind naturnäher, können manchmal auch gleich als Teller verwendet werden (Brett'l-jaus'n), müssen aber immer gut (am besten mit einer Bürste) mit sehr heißem Wasser gereinigt werden, damit sich keine Keime festsetzen können. Speziell nach dem Verarbeiten von Geflügel (Salmonellengefahr!) solltest du das Holzbrett besonders gründlich und heiß waschen – oder lieber gleich eines aus Kunststoff verwenden!

■ SCHNITZELKLOPFER

Wenn du der Fraktion der Liebhaber von dünnwandigen Wiener Schnitzeln angehörst, dann wirst du zu ihm greifen. Du solltest nur nicht allzu fest darauf losklopfen, damit die Fleischfasern nicht völlig zerstört werden und das Schnitzel dann trocken und „zahnlos" schmeckt. Speziell zartes Fleisch wie

Schweinslungenbraten oder Hühnerfleisch bedarf gefühlvoller Behandlung, und die besteht vor allem darin, dass du das Fleisch mit Klarsichtfolie abdeckst und erst dann klopfst. Die Fasern werden geschont und dein Schnitzelklopfer bleibt sauber!

■ SCHÖPFLÖFFEL
Nur wenn du einen Eid ablegst, dass du dich ausschließlich von Pizza, Burgern und Eierspeis' ernähren möchtest, kannst du darauf verzichten. Aber bereits eine Packerlsuppe verlangt nach einem Schöpflöffel, der sie behutsam in den Suppenteller gleiten lässt. Wird zudem auch hin und wieder als Maßeinheit für Flüssigkeiten angegeben: „Mit einem Schöpflöffel Suppe, Wasser o. ä. aufgießen".

■ SCHÜSSELN
Ob aus Metall, Kunststoff oder Porzellan – einige Schüsseln in verschiedenen Größen werden dir wertvolle Dienste leisten. In kleineren Schüsseln lässt sich Kleingeschnittenes zwischenlagern, in einer größeren Schüssel Teig anrühren, Schnee schlagen oder Salat marinieren. Zwei kleinere Schüsseln und ein bis zwei größere müssten allerdings genügen.

■ SIEBE
Auch wenn du nicht vorhast, stundenlang einreduzierte Fonds durch ein Spitzsieb laufen zu lassen, um ein kleines Teesieb und ein großes Nudelsieb wirst du nicht herumkommen. Das kleine Teesieb wird dir vermutlich weniger in seiner ureigensten Funktion dienen, sondern als „little helper" zur Seite stehen, wenn es darum geht, Staubzucker oder Kakao dekorativ über einen Kuchen zu streuen, von einer kochenden Suppe aufsteigenden Schaum abzuschöpfen oder eine verklumpte Sauce wieder fit zu bekommen. Im Nudelsieb wiederum läuft das Wasser nicht nur von Nudeln ab, sondern auch von gekochten Kartoffeln oder Gemüse, aber auch von gewaschenem Salat und frischem Obst.

■ SPARSCHÄLER
Eigentlich ist es ja Verschwendung, rohe Kartoffeln überhaupt zu schälen. (Nach dem Kochen lässt sich die Schale nämlich hauchdünn abziehen.) Aber wenn schon, dann mit einem Sparschäler, der nicht all zuviel von Kartoffel & Co. abhobelt. Modelle gibt es viele, mit Holz-, Metall- oder Kunststoffgriff,

mit oder ohne gezackter Klinge zum dekorativen Zuschneiden, entscheidend sollte allerdings sein, dass der Griff nicht zu kantig ist und dir der Schäler gut in der Hand liegt. Wenn du dein erstes Kilo Kartoffeln geschält hast, weißt du, was ich meine ... (gilt auch für Gurken, Zucchini etc.)

◾ TEIGKARTE

Dieses biegsame Backutensil aus Kunststoff holt selbst den letzten Rest Teig oder Creme aus der Schüssel und kann auch zum Glattstreichen von Teigmasse verwendet werden. Ist aber in vielen Fällen durch einen Suppenlöffel zu ersetzen.

◾ TÖPFE

1+1+1. Das sollte dir für den Start deiner Koch-Karriere genügen: Ein kleiner Topf (mit Stiel), in dem du rasch eine Tasse Wasser, ein Ei oder Risotto für eine Person kochen kannst; ein mittlerer Topf, in dem du Gemüse oder etwas Suppe kochen kannst und ein größerer Topf, in dem du Spaghetti – auch für deine Gäste – kochen kannst. Und alle mit Deckel, wohlgemerkt! Ob Edelstahl, emailliert oder beschichtet, hängt von Vorlieben, Geschmack und Budget ab. In jedem Fall ist empfehlenswert, sich nicht für das Billigste zu entscheiden, da auch hier leider der Preis die Qualität mitbestimmt. Achte vor dem Kauf, welche Töpfe für deinen Herd geeignet sind und welche Griffe sie haben. Ein Metallgriff auf einem Topf, der später von Gas „angefeuert" werden wird, wird das Wörtchen „Isoliergriff" zur Illusion werden lassen.

◾ ZITRONENPRESSE

Vitamine sind gesund, zumal wenn sie aus frisch gepressten Zitronen, Grapefruits oder Orangen stammen. Zitronenpressen aus Edelstahl sind klarerweise resistenter als jene aus Kunststoff, die nach oftmaligem Gebrauch rasch unansehnlich und mitunter auch mürbe werden. Hast du einmal wirklich keine Presse zur Hand, so rolle die Zitrone mit der Handfläche einige Male auf dem Küchentisch fest hin und her. Dann halbierst du sie und drückst die Hälfte einfach zwischen den Fingern aus. Holt nicht den letzten Tropfen heraus, aber für den Notfall reicht es.

Breakfast for beginners

Das Beste für einen guten Morgen
Von handgepresstem Orangensaft
über weich gekochtes Ei und Spiegeleier
bis zu Toast und Müsli

Kräuteraufstrich

Es muss nicht immer das legendäre Buttersemmerl sein. Frisches Schwarzbrot und ein kräftiger Aufstrich sorgen für einen schwungvollen Start in den Tag

ZUTATEN

- 125 g Topfen
- 125 g Gervais
- 2–3 Knoblauchzehen
- 3 EL gemischte gehackte Kräuter wie Schnittlauch, Bärlauch, Dille, Estragon etc. oder 1 Pkt. tiefgekühlte Kräuter
- 1 Kräuterzweiglein zum Garnieren
- Salz, Pfeffer

ZUBEREITUNG

■ Zuerst schälst du den Knoblauch und schneidest ihn in ganz feine Würfel. Nun gibst du den Knoblauch auf ein Schneidbrett, streust eine Prise Salz darüber und zerdrückst ihn mit einer Messerklinge.

■ Dann vermengst du den Topfen in einer Schüssel mit Gervais, den Kräutern sowie dem Knoblauch. Mit Salz und Pfeffer kräftig abschmecken.

■ Du stellst den Aufstrich 15–30 Minuten in den Kühlschrank. Bevor du den Kräuteraufstrich verwendest, rührst du ihn nochmals durch und garnierst ihn mit einem Kräuterzweiglein.

DAZU PASST: knuspriges Schwarz- oder Vollkornbrot

ACH, WAS ICH DIR NOCH SAGEN WOLLTE ...

Du kannst den Aufstrich auch schon am Vorabend vorbereiten und in einer Frischhaltedose im Kühlschrank kaltstellen.

Wiener Frühstück mit weich gekochtem Ei

ZUTATEN FÜR 1 PORTION

- 1 Ei
- Gebäck (Kipferl, Semmel, Vollkorn- oder Weißbrot)
- Butter
- Marmelade
- Salz

ZUBEREITUNG

■ Du lässt in einem kleinen Topf Wasser aufkochen.

■ Inzwischen hast du Zeit, das stumpfe Ende des Eis mit einer Nadelspitze (oder einem Eier-Anstecher) anzustechen, damit es auch ganz sicher nicht springt.

■ Sobald das Wasser kocht, legst du das Ei mit Hilfe eines Suppenlöffels vorsichtig ein und kochst es ca. 5 Minuten wachsweich (s. auch Basic-Rezept S. 36).

■ Dann hebst du das Ei wieder heraus, gibst es in einen Eierbecher und servierst es gemeinsam mit dem frischem Gebäck, etwas Butter und Marmelade.

■ Das Ei wird erst bei Tisch an der oberen Spitze mit dem umgedrehten Kaffeelöffel angeklopft, etwas geschält und mit einer Prise Salz bestreut.

DAZU PASST: Kaffee, Tee, Orangensaft, aber auch zusätzlich noch Schinken und Käse

Wie erkenne ich, ob mein Ei frisch oder alt ist?

Das ist ganz einfach. Du füllst einen kleinen Topf oder ein Glas mit Wasser und legst das Ei hinein. Bleibt das Ei flach am Boden liegen, so ist es ganz frisch und du kannst es roh bzw. weich gekocht bedenkenlos verwenden. Stellt sich das Ei senkrecht im Wasser auf, so ist es nicht mehr ganz frisch, kann aber durchaus zum Kochen und Backen verwendet werden. Wenn das Ei allerdings obenauf schwimmt und mit der stumpfen Wölbung aus dem Wasser ragt, musst du es unbedingt wegwerfen.

Russisches Studenten-Frühstück

ZUTATEN FÜR 2 PORTIONEN

- 2 Eier
- 1 kl. Glas Seehasenrogen (falscher Kaviar)
- 2 EL zimmerwarme Butter
- 1/2 TL Sardellenpaste
- 1/2 TL scharfer Senf
- Schuss Worcestersauce nach Belieben
- einige Kapern
- Tomaten- und/oder Zitronenscheiben, Radieschen, Perlzwiebeln zum Garnieren nach Belieben
- Salz, Pfeffer
- Weißbrot oder Toast

ZUBEREITUNG

■ Du legst die Eier in einen kleinen Topf mit warmem Wasser, lässt das Wasser aufkochen und kochst die Eier dann ca. 8–10 Minuten hart (s. auch Basic-Rezept S. 36). Du hebst die Eier heraus und lässt sie unter fließendem kalten Wasser abkühlen.

■ Dann schälst du die Eier, halbierst sie der Länge nach und hebst das Eidotter jeweils heraus.

■ Jetzt gibst du die Eidotter in einen Suppenteller und zerdrückst sie mit Hilfe einer Gabel gemeinsam mit der zimmerwarmen Butter zu einer Creme. Kräftig mit Salz und Pfeffer würzen. Du hackst die Kapern ganz fein und rührst sie mit dem Senf und der Worcestersauce unter. Mit etwas Sardellenpaste pikant abschmecken.

■ Nun legst du je 2 Eierhälften auf einen Teller und füllst die Eiercreme in die Aushöhlung. Du setzt den falschen Kaviar darauf und garnierst ganz nach Lust und Laune mit Tomaten- und Zitronenscheiben sowie Radieschen oder Perlzwiebeln.

■ Du servierst die russischen Eier gemeinsam mit frischem Weißbrot oder knusprigem Toast.

DAZU PASST: ein Gläschen Sekt oder Orangensaft

Basic-Rezept
Eier kochen

- Willst du Eier weich kochen, so ist es ratsam, das Ei am stumpfen Ende zuerst mit einer Nadelspitze (oder einem Eier-Anstecher) einmal anzustechen, damit es beim Kochen nicht ausläuft oder springt.
- Dann kochst du in einem Topf Wasser auf, legst das (kalte) Ei mit Hilfe eines Esslöffels ein und kochst es je nach Wunsch zwischen 3 und 6 Minuten. Möchtest du das Ei lieber ganz weich bis flüssig, so lass es nur 3–4 Minuten kochen.
- Mit 5 Minuten sollte ein mittelgroßes Ei schön kernweich sein und ab 6 Minuten geht es schon in Richtung hart.
- Willst du Eier hart kochen, so legst du die (kalten) Eier in einen Topf, füllst mit warmem Wasser auf und bringst das Wasser zum Kochen. Dann kochst du die Eier weitere 8–10 Minuten. Bei 8 Minuten sind die Eier hart gekocht, aber innen noch leicht cremig, bei 10 Minuten sollten sie schon richtig hart gekocht sein.
- Springt ein Ei beim Kochen oder beginnt während des Kochens auszulaufen, so gib einen Schuss Zitronensaft oder Essig ins Wasser. Meist lässt sich dadurch schlimmeres Übel verhindern und das Ei kann problemlos weitergekocht werden.

Rührei mit Speck auf Vollkorntoast

Seit mehr als 30 Jahren verspricht mir mein Mann, mich einmal morgens mit den ziemlich kompliziert zuzubereitenden Eggs Benedict zu überraschen. Geworden ist daraus meist Rührei auf Toast. Aber damit konnte ich leben. Bestens sogar!

ZUTATEN FÜR 2 PORTIONEN

4 Eier · 50 g Frühstücksspeck · 2 Scheiben Vollkorn-Toastbrot · 2 EL Butter
3 EL Milch, Schlag- oder Kaffeeobers · Salz, Pfeffer · gehackter Schnittlauch zum Garnieren

ZUBEREITUNG

■ Du schlägst die Eier nacheinander in eine Schüssel (siehe unten) und gießt das Obers oder die Milch dazu. Nun verrührst du alles mit einer Gabel und würzt mit Salz sowie Pfeffer. Nochmals kräftig durchrühren und den Speck in kleine Würfel schneiden.

■ Nun toastest du das Toastbrot in einer beschichteten Pfanne (oder im Toaster), hebst es heraus und hältst es in Alufolie gewickelt warm.

■ Jetzt gibst du die Butter in eine Pfanne und lässt sie schmelzen. Du rührst den Speck ein und lässt ihn bei mittlerer Hitze kurz anbraten. Bevor er zu dunkel wird, gießt du die Eiermasse zu und lässt die Eier 1–2 Minuten bei guter Hitze unter wiederholtem Durchrühren fest, aber nicht zu trocken werden. (Die Eier sollten noch schön cremig sein.) Rasch vom Herd nehmen.

■ Du legst je einen Toast auf einen Teller, richtest das Rührei darauf an und bestreust es mit gehacktem Schnittlauch.

ACH, WAS ICH DIR NOCH SAGEN WOLLTE ...

Für eine klassische **Wiener Eierspeis'** lässt du einfach das Obers sowie den Speck weg und servierst sie ohne Toast. Rührei ist übrigens ein wahres Wunderding in Sachen „Hungerstillen", da es sich mit fast allem kombinieren lässt. Probier doch einmal Rührei mit Tomaten, Paprika, Salami oder Frankfurter. Ja, sogar Blattspinat oder Shrimps harmonieren perfekt!

Rat & Tat
Wie du rohe Eier richtig aufschlägst

Nimm das Ei in die linke Hand und schlage mit der nicht scharfen Seite einer Messerklinge das Ei an der breitesten Stelle einige Male so an, dass die Schale zwar aufgeklopft, das Eidotter aber nicht wie mit einem Samurai-Hieb durchtrennt wird. Drücke beide Daumen zart in die aufgeklopfte Stelle und voilà – das Ei sollte sich nun behutsam öffnen lassen. Heb die obere Schale ab und lass das ganze Ei langsam in die Pfanne oder Schüssel gleiten.

Ham and Eggs mit Vitalgemüse

ZUTATEN FÜR 1 PORTION
1/2 kleine grüne (gelbe, rote) Paprikaschote · 2 Frühlingszwiebeln
2–3 Cocktailtomaten oder 1 kleine Tomate · 3 Scheiben dünn geschnittener
Frühstücksspeck · 1/2 EL Butter zum Braten · 2–3 Eier · Salz und Pfeffer
edelsüßes Paprikapulver nach Wunsch

ZUBEREITUNG
■ Zuerst solltest du das Gemüse vorbereiten. Dafür die Paprikaschote der Länge nach halbieren, den Stiel sowie die weißen Trennwände samt Kernen entfernen und Schote unter fließendem Wasser gut waschen. In längliche Streifen schneiden. Die Frühlingszwiebeln vom grünen Stiel trennen, die Zwiebeln schälen und in feine Scheiben schneiden. Die Tomaten waschen und ebenfalls in Scheiben schneiden. Den Speck in mundgerechte Stücke schneiden.
■ Nun lässt du in einer passenden (nicht zu großen) Pfanne die Butter schmelzen, aber nicht zu braun werden. Den Speck gemeinsam mit den Frühlingszwiebeln und Paprika zugeben und alles so lange bei mittlerer Hitze anschwitzen, bis die Zwiebeln schön glasig aussehen. Währenddessen solltest du wiederholt umrühren, damit die Zwiebeln nicht zu rasch braun werden. Jetzt kommen die Tomatenscheiben dazu und werden unter wiederholtem Umrühren ebenfalls kurz angebraten.
■ Wenn du dazwischen Lust hast, kannst du das übrig gebliebene Grün der Frühlingszwiebeln für die Garnitur in feine Scheiben schneiden.
■ Nach einer Bratzeit von insgesamt etwa 4–5 Minuten ist es nun Zeit für die Eier! Du schlägst ein Ei nach dem anderen auf und lässt es behutsam in die Pfanne gleiten. (Wenn du dabei Schwierigkeiten hast, lies den Kasten auf Seite 37.)
■ Kurz bei großer Hitze anbraten, dann die Hitze reduzieren und die Eier so lange braten, bis die Eidotter schön gestockt, aber noch cremig sind. Wenn du es eilig hast und es Dich nicht stört, dass die Eier obenauf weiß werden, kannst du die Pfanne auch mit einem Deckel zudecken.

■ Die fertig gebratenen Ham and Eggs mit einem Bratenwender rundum vorsichtig von der Pfanne loslösen. Die Pfanne schräg halten und die Eier auf einen Teller gleiten lassen. Nun erst mit Salz und Pfeffer würzen! (Roh gewürzte Eier erhalten durch das Salz unansehnliche weiße Flecken.) Nach Lust und Laune zusätzlich noch mit Paprikapulver und gehacktem Frühlinszwiebelgrün bestreuen.

DAZU PASST: frisches knuspriges Brot

Foto nächste Doppelseite

ACH, WAS ICH DIR NOCH SAGEN WOLLTE ...

Solltest du einmal vielleicht nicht alleine frühstücken und dir nach Feiern zumute sein, so könntest du Gemüse und Speck durch 50–100 g in Streifen **geschnittenes Lachsfilet** ersetzen und dieses allerdings nur ganz kurz anbraten, damit es nicht zu trocken wird. Willst du **Räucherlachs** verwenden, so brätst du die Spiegeleier fast fertig, gibst den geräucherten Lachs dann einfach auf die Eier und lässt ihn nur kurz warm werden.

Was mache ich, wenn ich das ein oder andere Eidotter bereits beim Hineinschlagen beschädigt habe und das Dotter ausläuft?

Ist keine Tragödie, denn 1. werden die Eier beim Essen ohnehin „zerstört"; 2. verkürze einfach die Bratzeit und decke die Pfanne dabei mit einem Deckel ab. Die Dotter bekommen dadurch einen dünnen weißen Film. Und 3. lasse die „Schmach" unter einer dicken Decke aus gehacktem Schnittlauch verschwinden.

Breakfast for beginners

Croque Monsieur

Monsieur oder Madame werden diesen herzhaften Toast auch als Imbiss zwischendurch zu schätzen wissen.

ZUTATEN FÜR 1 PORTION

- 2 Scheiben Toastbrot
- 2 stärkere Scheiben Schinken
- 1 stärkere Scheibe Käse
- 1 Ei
- ca. 150 ml Milch
- Salz, Pfeffer
- Prise Muskatnuss oder Chilipulver
- Öl zum Herausbacken

ZUBEREITUNG

■ Zuerst gießt du die Milch in einen Suppenteller und schlägst das Ei hinein (s. dazu auch S. 37). du verrührst beides mit einer Gabel und würzt mit Salz, Pfeffer sowie einer Prise Muskatnuss oder Chilipulver.

■ Nun belegst du eine Toastbrotscheibe mit Schinken, legst den Käse darauf und deckst wieder mit Schinken ab. Die zweite Brotscheibe darauflegen.

■ Jetzt gießt du in eine passende Pfanne etwa einen Finger hoch Öl ein und erhitzt dieses.

■ Sobald das Öl heiß ist, legst du den gefüllten Toast für einige Sekunden in die Eier-Milch, wendest ihn und gibst ihn dann rasch ins heiße Öl. (Keine Angst, das zischt ein wenig!)

■ Du brätst den Toast goldbraun an, wendest ihn und lässt ihn auf der zweiten Seite ebenfalls braun werden.

■ Dann hebst du den Toast mit einem Bratenwender heraus, setzt ihn auf Küchenkrepp und tupfst ihn etwas ab.

■ Du legst ihn auf einen Teller und servierst ihn. Aber Achtung vor dem ersten Biss: Der Croque Monsieur hat ein heißes Innenleben!

DAZU PASST: Kaffee, Tee und/oder Orangensaft

Das-Kind-geht-aus-dem-Haus-**KOCHBUCH**

Rat & Tat
Die 10 besten Frühstücks-Tipps

- Wichtigste Frühstücksregel: Plane, so irgendwie möglich, genug Zeit für das Frühstück ein! Hektisch hinuntergeschluckter Kaffee ist schlecht für den Magen und macht sicher keine gute Laune.

- Auch wenn es am Vorabend möglicherweise spät geworden ist – versuche, Tisch und einen Teil der Arbeitsfläche zumindest minimal aufzuräumen! Das hilft am Morgen Zeit zu sparen und depressive Stimmungen zu vermeiden.

- Gebäck wie Semmeln oder Weckerln vom Vortag schmecken fast wie frisch vom Bäcker, wenn du sie im vorgeheizten Backrohr bei 180 °C einige Minuten aufbähst. Hast du kein Rohr, so legst du das Gebäck (ohne Fett) in eine beschichtete Pfanne, setzt den Deckel auf und lässt es bei mittlerer Hitze ca. 3–5 Minuten resch und knusprig werden. Dabei einmal wenden und darauf achten, dass nichts anbrennt.

- Im Supermarkt kannst du vorgefertigten Teig für Frühstückskipferl oder halbfertiges Gebäck kaufen. Du musst die Kipferl nur noch formen und diese bzw. das Gebäck im Backrohr nach Anleitung (ca. 10 Minuten) backen. Alleine der Duft von frisch gebackenem Gebäck vermittelt schon Wohlbehagen!

- Wenn du Schinken, Wurst und Käse zum Frühstück servierst, so richte alles auf einem nicht zu großen Teller an und garniere die Platte mit frischem Gemüse, wie Cocktailtomaten, Paprikastreifen oder Radieschenscheiben. Das sieht nicht nur hübsch aus, sondern gibt als morgendlicher Vitaminstoß frischen Schwung.

- Nimm die Butter gleich zu Beginn deiner Frühstücksvorbereitungen aus dem Kühlschrank. Kalte Butter lässt sich nämlich auf frischem, weichen Gebäck nur sehr schwer verstreichen.

- Mach lieber etwas mehr als weniger Kaffee. Nichts ist lästiger, als ein gemütliches Frühstück unterbrechen zu müssen um für frischen Kaffee zu sorgen.

- Die Mühe, zwei oder drei Orangen selbst mit der Hand auszupressen, lohnt sich immer. Die selbst gepresste Vitaminbombe schmeckt einfach besser!

- Frisches Obst, wie Kiwi, Äpfel oder Mandarinen, als krönender Abschluss eines ausgedehnten Frühstücks lassen dich mit neuem Elan in den Tag gehen.

- Gestalte deinen Frühstücks-Alltag möglichst abwechslungsreich. Hin und wieder ein weiches Ei, mal ein, zwei verschiedene Käsesorten statt der immer gleichen Wurst oder gar eine aparte japanische Miso-suppe, die im Supermarkt erhältlich ist – da sieht die Welt am frühen Morgen gleich anders aus!

Big Brunch
mit Bratwürstchen und englischen Bohnen auf Toast

Was in Zeiten der Globalisierung heute eine Selbstverständlichkeit ist, war für mich als junges Mädchen bei meinem ersten England-Aufenthalt eine blanke Sensation!

ZUTATEN FÜR 2 PORTIONEN

1 Dose weiße Bohnen in Tomatensauce (Baked Beans) · 6 kleine (Nürnberger) Bratwürstchen · Toastbrot nach Belieben · gesalzene oder ungesalzene Butter · 1–2 EL Öl zum Braten · Orangenmarmelade nach Belieben

ZUBEREITUNG

■ Du gießt das Öl in eine Pfanne und lässt es heiß werden. Dann legst du die Bratwürstchen ein und brätst sie ca. 8–10 Minuten bei mittlerer Hitze, bis sie schön knusprig und goldbraun sind. Dabei wendest du die Würstchen einige Male.

Das-Kind-geht-aus-dem-Haus-**KOCHBUCH**

🟩 Währenddessen gibst du die Bohnen in einen Topf, setzt den Deckel auf und erhitzt sie zuerst kurz bei großer Hitze, danach auf kleiner Flamme. Achtung: die Bohnen legen sich leicht am Topfboden an, daher öfter durchrühren!

🟩 Parallel dazu toastest du so viel Toastbrot, wie du möchtest.

🟩 Nun legst du einen oder zwei Toasts auf je einen Teller, richtest die Bohnen darauf an und legst die gebratenen Würstchen daneben.

🟩 Dazu servierst du ganz nach Belieben weitere geröstete Toasts, die du je nach Geschmack mit gesalzener oder ungesalzener Butter bestreichst. Danach gibt es noch mit Butter und Orangenmarmelade bestrichene Toasts.

DAZU PASST: Kaffee, Tee, Orangen- oder Tomatensaft und danach eventuell süße Dinkel-Palatschinken (s. S. 48) oder Schoko-Croissants (s. S. 50)

Was ist eigentlich ein Brunch?

Der aus den englischen Wörtern **Breakfast** (Frühstück) und **Lunch** (Mittagessen) zusammengezogene Begriff „Brunch" beschreibt nichts anderes als ein recht üppiges Frühstück zu vorgerückter Stunde. Nach dem Motto „Erlaubt ist, was schmeckt", schlemmt man sich durch Eiergerichte, Toasts, gebratene Mini-Würstel und knusprig gebratenen Speck bis hin zu süßen Kipferln und Palatschinken. In der Gastronomie fasst man den Begriff manchmal noch weiter und bezeichnet damit ein großzügiges Buffet mit kalten und warmen Gerichten um die Mittagszeit.

Breakfast for beginners

Katerfrühstück

mit „jungfräulicher Bloody Mary",
Zwiebel-Hering und Saurer Wurst

Wenn dein Magen nicht völlig ramponiert ist, könnte dir das weiterhelfen. Einen Versuch ist es wert.

ZUTATEN FÜR 1 PORTION

- 1 Bismarckhering mit Zwiebeln aus dem Glas
- 1 Knackwurst oder 2 dicke Scheiben Extrawurst o.ä.
- 1 kleine rote Zwiebel
- Öl und Essig
- Salz und Pfeffer
- Gebäck nach Belieben

FÜR DIE „JUNGFRÄULICHE BLOODY MARY"

- 1 Glas Tomatensaft
- je 1 Prise Salz (am besten Selleriesalz) und Pfeffer
- je 1 Spritzer Zitronensaft und Tabascosauce

ZUBEREITUNG

■ Für die Saure Wurst ziehst du bei der Knackwurst die Haut ab und schneidest sie in Scheiben. Dann legst du die Scheiben (oder die Extrawurst) rosettenartig auf einen Teller.

■ Jetzt schälst du die Zwiebel, schneidest sie in feine Ringe und legst sie auf die Wurstscheiben. Du träufelst etwas Essig und Öl über die Wurst und würzt kräftig mit Salz und Pfeffer.

■ Du nimmst den Hering aus dem Glas, lässt ihn etwas abtropfen und legst ihn auf einen anderen Teller. Du holst mit einer Gabel einige Zwiebeln aus dem Glas und legst sie rund um den Hering.

■ Für die „jungfräuliche Bloody Mary" würzt du den Tomatensaft mit Salz, Pfeffer, Zitronensaft sowie Tabascosauce und rührst alles gut durch.

■ Nun versuchst du zuerst den Zwiebel-Hering, danach die saure Wurst zu essen und den Tomatensaft dazu zu trinken. Dazu isst du hoffentlich etwas Gebäck.

■ Sollte das nicht möglich sein, so geh bitte wieder zurück ins Bett und schlaf dich aus!

ACH, WAS ICH DIR EIGENTLICH GAR NICHT SAGEN SOLLTE ...

Die Original Bloody Mary wird je zur Hälfte aus Wodka und Tomatensaft gemixt.

Das-Kind-geht-aus-dem-Haus-KOCHBUCH

Rat & Tat
Die besten Tipps für einen klaren Kopf am Morgen danach

- Schlafen, schlafen, schlafen, vielleicht auch träumen ... Das ist nach wie vor das Wundermittel Nummer eins, um die Spuren einer feuchtfröhlichen Nacht verblassen zu lassen.
- Ist das nicht möglich, dann nimm das erste Kopfwehmittel bitte nicht auf nüchternen Magen! Versuche davor etwas Joghurt, ein kleines Stück Brot oder etwas trockenen Kuchen zu essen.
- Trinke viel! Nein, jetzt keinen Alkohol mehr, sondern Mineralwasser, Frucht- oder Obstsäfte, Sauer- oder Buttermilch, um die verloren gegangenen Mineralstoffe wieder „aufzuforsten".
- Wenn dein Kreislauf nicht verrückt spielt, sind auch eine oder zwei Tassen Kaffee durchaus ratsam.
- Iss, soweit es deine Verfassung zulässt, möglichst saure und salzige Dinge: eingelegte Heringe, Rollmöpse, pikant eingelegte Gemüse, sauren Wurstsalat oder eine kräftige Suppe.
- Ist dein Kater nicht ganz so schlimm, so können auch herzhafte Gerichte wie Serbische Bohnensuppe, Gulyas oder Beuschel durchaus Wunder wirken.
- So mancher Kater lässt sich auch durch ein Honigbrot vertreiben.
- Geh an die frische Luft, mach einen kleinen Spaziergang. Ein kurzes Schläfchen danach – und alles sollte sich bald wieder einrenken.

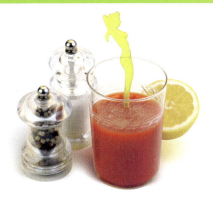

Breakfast for beginners

Dinkel-Palatschinken mit Ahornsirup

Dieses Rezept haben meine Töchter zum ersten Mal in einem Hotel in Lissabon kennengelernt. Seither wird es bei uns zu Hause an hohen Festtagen gerne zelebriert.

ZUTATEN FÜR 4 KLEINE, DICKERE PALATSCHINKEN

- 100 g Dinkel-Vollkornmehl
- 2 Eier
- 250 ml Milch
- Salz
- Ahornsirup, Honig, Erdnussbutter oder gesalzene Butter zum Bestreichen
- 2 EL Butter zum Backen
- Staubzucker zum Bestreuen

ZUBEREITUNG

■ Zuerst bereitest du den Teig für die Palatschinken vor. Dafür gießt du die Milch in eine Schüssel, schlägst die Eier hinein (s. auch S. 37) und rührst das Mehl dazu. Du würzt mit einer kleinen Prise Salz, rührst alles nochmals gut durch und lässt den Teig einfach stehen, damit er mindestens 30 Minuten quellen kann.

■ Dann rührst du den Teig nochmals kurz durch und lässt etwa einen Kaffeelöffel Butter in einer ziemlich kleinen, beschichteten Pfanne schmelzen.

■ Dann gießt du ein Viertel des Teiges ein, schwenkst die Pfanne im Kreis, damit sich der Teig gleichmäßig verteilt, und bäckst die Palatschinke bei mittlerer Hitze goldbraun. Du wendest die Palatschinke vorsichtig mit einem Bratenwender und lässt sie auf der anderen Seite ebenfalls goldbraun werden.

■ Jetzt hebst du die Palatschinke heraus, schlägst sie in Alufolie ein und bäckst die anderen Palatschinken ebenso.

■ Nun bestreichst du jede Palatschinke ganz nach Belieben mit Ahornsirup, Honig, Erdnussbutter oder gesalzener Butter und bestreust sie vor dem Servieren noch mit Staubzucker.

ACH, WAS ICH DIR NOCH SAGEN WOLLTE ...

Marmelade-Palatschinken bereitest du nach demselben Rezept vor, wobei du statt Vollkornmehl – etwas mehr (ca. 130–150 g) – glattes Mehl verwenden kannst. Dann bestreichst du die Palatschinken mit Marmelade und rollst sie zusammen.

Wie weiß ich, wann ich die Palatschinke umdrehen soll?

Nachdem du die Palatschinke etwa 1-2 Minuten angebacken hast, hebst du sie am Rand mit einem Bratenwender ganz vorsichtig an. So kannst du sehen, ob sie schon goldbraun oder noch blass ist. Ist sie schon goldgelb, so schüttle die Pfanne einige Male hin und her. Bewegt sich dabei auch die Palatschinke in der Pfanne, so kannst du sie mit einem Bratenwender umdrehen. Bleibt sie in der Pfanne noch haften, so musst du noch etwas warten. Beim Wenden der Palatschinke musst du möglichst schnell arbeiten, damit sie nicht reißt. Wenn sie das dennoch tut, Palatschinke in Streifen schneiden und als Frittaten in einer feinen klaren Suppe servieren.

Blitz-Schoko-Croissant

**ZUTATEN
FÜR 6 CROISSANTS**

1 Pkg. Fertig-Kipferlteig
6 Stückchen Schokolade
gehobelte Mandeln nach Belieben
wenig Milch oder 1 Eidotter zum Bestreichen
Backpapier

ZUBEREITUNG

■ Zuerst heizt du das Backrohr auf die in der Anleitung empfohlene Hitze (160–180 °C) vor.

■ Inzwischen öffnest du die Kipferlpackung, rollst den Teig aus und schneidest ihn in die vorperforierten Dreiecke.

■ Du legst die Schokolade auf einen Teller und schneidest sie in grobe Splitter.

■ Nun streust du jeweils etwas Schokospäne mittig der Länge nach auf jedes Kipferl und rollst den Teig zur Spitze hin ein.

■ Jetzt legst du ein Backblech mit Backpapier aus und setzt die Kipferl darauf. Dann bestreichst du sie mit etwas Milch oder einem in einer Tasse verschlagenen Eidotter. Wenn du möchtest, bestreust du die Kipferl noch mit gehobelten Mandeln.

■ Du schiebst die Kipferl ins heiße Rohr und bäckst sie je nach Anleitung ca. 10–15 Minuten goldgelb.

ACH, WAS ICH DIR NOCH SAGEN WOLLTE …

Wenn du die Schokolade weglässt, so kannst du die Croissants auch zu Schinken und Käse servieren.

Schnelles Müsli

Sicher nur ein Annäherungswert an stundenlang angesetztes Müsli, aber meist muss es morgens doch schnell gehen.

ZUTATEN
FÜR 1 PORTION

- 1 Becher Joghurt
- 2–3 EL Haferflocken
- Sesam, Leinsamen, Sonnenblumenkerne nach Belieben
- 1 TL Rosinen
- 1/2 Apfel
- 1/2 Banane
- 1/2 Mandarine
- Nektarinen, Beeren etc. nach Saison und Vorliebe
- etwas Zitronen- und Orangensaft
- Zimt
- 1 TL Honig

ZUBEREITUNG

■ Zuerst schälst du die Banane sowie die Mandarine und schneidest sie ebenso wie den ungeschälten Apfel und das restliche Obst in mundgerechte, kleine Würfel. Alles in eine Schüssel geben und mit etwas Zitronensaft sowie einer Prise Zimt vermischen.

■ Nun mengst du das Joghurt sowie die Haferflocken unter und fügst ganz nach Wunsch noch Sesam, Leinsamen oder Sonnenblumenkerne hinzu. Die Rosinen einrühren und das Müsli mit Honig etwas süßen.

■ Abschließend bringst du das Müsli mit einem Schuss Orangensaft auf die gewünschte Sämigkeit und rührst nochmals durch. In einer Schale anrichten.

ACH, WAS ICH DIR NOCH SAGEN WOLLTE …

Wenn es nicht so rasch gehen muss, so kannst du die Haferflocken auch einige Stunden, am besten über Nacht, in Wasser quellen lassen und dann erst verarbeiten. Statt Naturjoghurt kannst du auch Milch oder Fruchtjoghurt verwenden.

Breakfast for beginners

Feigen mit griechischem Joghurt

ZUTATEN FÜR 1 PORTION

2 Feigen
1 griechisches Joghurt (oder anderes nicht zu mageres Joghurt)
1 EL Honig
Zimt
1 EL gehackte Pistazien oder Nüsse

ZUBEREITUNG

■ Wenn du möchtest, schälst du die Feigen, ansonsten halbierst du sie ungeschält.
■ Dann legst du die Feigen auf einen Teller und beträufelst sie mit Honig.
■ Jetzt bestreust du sie mit den gehackten Pistazien bzw. Nüssen sowie mit einer Prise Zimt.
■ Du rührst das Joghurt einige Male durch, füllst es in eine Schale und servierst es mit den Feigen.

Filterkaffee

Trotz Mocca, Espresso & Co. immer noch der Klassiker – speziell am Morgen, wenn der Magen für schonende Behandlung noch dankbar ist.

ZUTATEN FÜR CA. 3–4 TASSEN

5–6 gehäufte Kaffeelöffel gemahlener Kaffee, je nach gewünschter Stärke auch mehr oder weniger · Wasser · Milch, Kaffeeobers und Zucker nach Belieben

ZUBEREITUNG

■ Damit der Kaffee später dann auch schön heiß in die Tassen kommt, füllst du zuerst die Kaffeekanne mit heißem Wasser an und lässt sie einfach stehen.
■ Nun kochst du 4–5 Tassen Wasser in einem Topf mit Deckel oder einem Wasserkessel auf.
■ Dazwischen hast du Zeit, die Filtertüte in den Filter einzusetzen und den Kaffee hineinzugeben. Du gießt das warme Wasser aus der Kanne wieder ab und setzt den Filter auf die Kanne.

■ Sobald das Wasser kocht, gießt du so viel Wasser in den Filter ein, dass dieser bis oben gefüllt ist. Nun lässt du das heiße Wasser durchsickern und gießt das restliche Wasser nach, bis alles verbraucht ist.
■ Du setzt den Deckel auf die Kaffeekanne und servierst den Kaffee mit Zucker und Kaffeeobers oder Milch.

ACH, WAS ICH DIR NOCH SAGEN WOLLTE ...

Selbst gemachter Filterkaffee kann niemals so schmecken wie Espresso aus einer teuren Kaffeemaschine. Du kannst ihn allerdings durch ein paar Tricks gehörig aufpeppen: Schlage die Milch oder das Obers in einem kleinen Kännchen mit einer Gabel so lange auf, bis sich etwas Schaum bildet. Noch schneller geht das freilich mit einem kleinen, handlichen Aufschäumer mit Batteriebetrieb, den du schon um ein paar Euro im Fachhandel bekommst. Die aufgeschäumte Milch gibst du dann gleich auf den Kaffee und bestreust ihn noch mit etwas Kakao oder gemahlenem Zimt. Wenn du zum Kaffee auch noch ein Glas Wasser servierst, hat das schon echte Kaffeehaus-Reife.

Handgepresster Orangen-Grapefruitsaft

ZUTATEN FÜR 2 GLÄSER
- 2 Orangen
- 1 Grapefruit

ZUBEREITUNG

■ Du halbierst die Orangen sowie die Grapefruit der Breite nach.
■ Nun presst du die Früchte nacheinander auf einer Zitronenpresse mit Auffangschale aus. Dabei bleibt relativ viel Fruchtfleisch übrig, in dem sich allerdings wertvoller Saft befindet. Damit dieser nicht verloren geht, kannst du zwischendurch das Fruchtfleisch über den Abtropflöchern mit der Rückseite eines Teelöffels sanft ausdrücken und dann erst entfernen.
■ Den Saft auf die Gläser aufteilen und servieren.

Breakfast for beginners

Basic-Rezept
Tee kochen

- Für Tee aus dem Teebeutel gießt du einfach kochendes Wasser in die Tasse und lässt den Tee darin je nach Anleitung einige Minuten ziehen. Dann drückst du den Beutel mit einem kleinen Löffel etwas aus und entfernst ihn. Fertig ist der Tee.
- Solltest du dich zu den echten Tee-Freaks zählen, so wirst du zumindest hin und wieder auf die praktischen Teebeutel verzichten und die Teezubereitung ganz stilecht zelebrieren wollen. Dafür wärmst du zunächst die Teekanne mit heißem Wasser vor.
- Du bringst in einem Wasserkessel die gewünschte Menge an Wasser zum Kochen.
- Verfügt deine Teekanne über einen Siebeinsatz, so kannst du nun bereits pro Tasse einen Teelöffel Teeblätter bzw. Teemischung in das Sieb geben. Ein Teelöffel Tee kommt quasi für die Teekanne zusätzlich noch dazu.
- Hat deine Kanne kein Sieb, so könntest du auch ein Tee-Ei aus Metall oder ein Teesäckchen verwenden. Nach klassischer Art wird der Tee freilich einfach in die Kanne gegeben (Achtung, warmes Wasser vorher abgießen!) und mit siedend heißem Wasser übergossen.
- Je nach Teesorte lässt du nun den Tee zwischen 3 und 15 Minuten ziehen und gießt ihn dann durch ein Sieb in die Tassen. Dabei gilt die Faustregel: Soll Tee munter machen, dann lass ihn nur 2–4 Minuten ziehen. Soll er beruhigend wirken, dann kann er bis zu 10 Minuten ziehen, wobei er dann allerdings meistens bitterer schmeckt. Früchte- und Kräutertee sollte je nach Sorte überhaupt mindestens 10–15 Minuten ziehen.
- Ob du den Tee süßen willst oder nicht, ist letztlich Geschmackssache. Viele Teeliebhaber bevorzugen Kandis- oder Rohzucker, und nicht nur in England wird so mancher Tee gar mit einem Schuss Milch abgerundet.

Heiße Azteken-Schokolade mit Chili

Schoko boomt! Wenn sich in fester Schokolade Paprika, Käse und Krenwurzel tummeln, warum nicht in flüssiger auch scharfer Chili?

ZUTATEN
FÜR 2–3 TASSEN

- 500 ml Milch
- 50–70 g dunkle Schokolade (70 % Kakaoanteil)
- 2 TL brauner Zucker
- 1 kleines Stück frische Ingwerknolle
- Zimt- und Chilipulver

ZUBEREITUNG

- Zuerst schälst du von einem Stück Ingwer ein etwa 1 cm langes Stückchen und reibst dieses auf einem Reibeisen. (Schneide das Stückchen dafür nicht ab, denn sonst kannst du es nicht mehr zwischen den Fingern halten, weil es zu klein ist.)
- Dann brichst du die Schokolade in grobe Stücke, gibst sie in einen Topf und gießt etwa ein Drittel der Milchmenge dazu. Du rührst den Zucker sowie den Ingwer ein und lässt die Schokolade auf möglichst kleiner Hitze ganz langsam schmelzen. Dabei rührst du wiederholt gut um, damit sich nichts anlegt.
- Sobald die Schokolade geschmolzen ist, gießt du mit der restlichen Milch auf und lässt diese ebenfalls ganz langsam aufkochen. Währenddessen rührst du die Schokolade mit einem Schneebesen gut durch.
- Jetzt vom Herd nehmen und je nach Geschmack eine mehr oder weniger große Prise Chili einrühren.
- Du gießt die heiße Schokolade in Tassen und streust etwas Zimtpulver obenauf.

ACH, WAS ICH DIR NOCH SAGEN WOLLTE …

Für normale **heiße Schokolade** lässt du die Aromazutaten einfach weg. Anderseits kannst du die Geschmacksverfeinerung der heißen Schokolade etwa durch die Zugabe von Amaretto, Cognac, Vanillezucker oder einem Schlagobershäubchen beliebig variieren.

Snacks for bags

Ideen für den kleinen, schnellen
Imbiss zum Mitnehmen
Vom Butterbrot über
Sandwiches bis zu
pikanten Salaten

Klassisches Butterbrot mit Schnittlauch

Erklärung überflüssig, aber vielleicht wirklich noch nie selbst gemacht??

ZUTATEN FÜR 1 PORTION
- 2 Scheiben Schwarzbrot
- Butter
- 1 EL gehackter Schnittlauch
- Frischhaltefolie oder Butterbrotpapier

ZUBEREITUNG

■ Du nimmst die Butter etwa 10 Minuten, bevor du das Brot machen möchtest, aus dem Kühlschrank, damit sie schön streichfähig ist.

■ Dann bestreichst du beide Brote auf einer Seite je nach Vorliebe mit mehr oder weniger Butter und bestreust ein Brot kräftig mit Schnittlauch.

■ Du legst die zweite Brotscheibe mit der bestrichenen Seite nach unten darauf, drückst leicht an und wickelst das Brot in Frischhaltefolie oder Butterbrotpapier.

■ Wenn du das Brot in etwa 1 cm dicke Schnitten schneidest, so eignen sich diese auch als kleine Happen, etwa zu Räucherfisch oder Muscheln.

Power-Weckerl

ZUTATEN FÜR 1 WECKERL

1 Vollkornweckerl, -semmerl oder 2 Scheiben Brot
Schinken oder Wurst zum Belegen
1 Scheibe Käse
1 Blatt grüner Salat
je 2 Scheiben Tomate und Radieschen
etwas Kohlrabi oder Paprikaschote
einige Scheiben hart gekochtes Ei (s. S. 36)
Butter oder Frischkäse zum Bestreichen
Salz, Pfeffer
Frischhaltefolie oder Butterbrotpapier

ZUBEREITUNG

■ Du halbierst das Weckerl oder Semmerl der Quere nach und bestreichst den Unterteil mit Frischkäse oder Butter.

■ Dann wäschst du das Salatblatt, die Tomate, die Paprikaschote sowie das Radieschen und lässt alles gut abtropfen. Den Kohlrabi musst du schälen und ebenso wie das Radieschen, die Paprikaschote und die Tomate in Streifen bzw. Scheiben schneiden.

■ Nun legst du das Salatblatt auf den bestrichenen Unterteil, bedeckst es mit Schinken bzw. Wurst und verteilst das Gemüse sowie die Eierscheiben darauf und würzt alles mit Salz sowie Pfeffer.

■ Du legst die Scheibe Käse darauf und deckst wiederum mit Schinken ab.

■ Jetzt setzt du den Oberteil darauf und drückst alles sacht zusammen. In Frischhaltefolie oder Butterbrotpapier wickeln.

ACH, WAS ICH DIR NOCH SAGEN WOLLTE ...

Beim Belegen des Weckerls richtest du dich am besten ganz nach deinem Geschmack und deiner Vorratskammer. Statt Schinken kannst du auch Reste von gebratenem Fleisch oder Geflügel, aber auch Thunfisch aus der Dose verwenden. Allerdings würde ich in letzterem Fall auf den Käse verzichten und dafür einige Zwiebelringe und Gurkenscheiben hineingeben. In jedem Fall solltest du darauf achten, dass Tomaten- oder Gurkenscheiben nicht direkt mit Brot abgedeckt werden, da dieses sonst zu rasch weich und pampig wird.

Rat & Tat
Die 10 besten Tipps für Brötchen-Snacks

- Dunkles (Vollkorn-)Brot verwendest du am besten für einen eher kräftigeren Belag: pikante Aufstriche wie etwa Liptauer, aromatische Kräuterkäse, Schnittkäse, Salami, Wurst und Schinken.
- Weißbrot kannst du wiederum sehr gut mit feineren Aufstrichen wie Eiersalat oder Lachsaufstrich, mit allen Schinken- und Wurstsorten und vor allem mit Räucherlachs, Shrimps oder Thunfisch aus der Dose kombinieren.
- Für **Tramezzini** kannst du im Supermarkt echtes Tramezzini-Brot kaufen, das aber mitunter etwas teurer ist. Allerdings ist es feinporiger und wirklich saftig.

- Aber auch der fast überall erhältliche American Toast ist durchaus geeignet. In diesem Fall solltest du allerdings vorher die Rinde entfernen (Tipp: Rinde schneiden und zu Croûtons rösten).
- Tramezzini und **Sandwiches** aus Weißbrot solltest du entweder sofort essen oder sehr gut in Klarsichtfolie einpacken, da der zarte Teig sehr rasch antrocknet. Hast du keine Klarsichtfolie zur Hand, so kannst du auch eine saubere Stoffserviette leicht mit Wasser befeuchten und das Brot darin einwickeln. Kühl gelagert bleiben Tramezzini stundenlang frisch und erhalten erst dann ihre typische weiche Konsistenz.
- Wenn du bestrichenes oder belegtes Brot länger aufbewahrst, lässt es sich einfach nicht vermeiden, dass es weniger knuspriger und dafür etwas feuchter wird. Allerdings solltest du zumindest darauf achten, dass extrem feuchter Belag wie etwa aufgeschnittene Essiggurkerl, Tomatenscheiben sowie eingelegte Gemüse aus Dose oder Glas nicht direkt mit der äußeren Brotschicht in Berührung kommen. Ein gut trockengetupftes Salatblatt, eine Scheibe Schinken oder Käse können da wertvolle Dienste als „Trennwand" leisten.
- Denke beim Belegen daran, dass dein Snack beim Zubeißen einem ganz schönen Druck ausgesetzt sein wird. Will heißen: über Mayonnaise fingerdick aufgehäufte Eier-, Gurkerl- oder Tomatenscheiben machen sich beim ersten Biss dann gerne selbstständig. Zu Hause kein Problem, unterwegs aber doch. Also, weniger ist manchmal mehr!

- Nütze Baguettes und Sandwiches als „Restlverwertung". Reste von übrig gebliebenem Schweinskotelett, gebratenem Huhn oder kaltem Braten eignen sich ideal als Belag. Einfach klein oder dünn schneiden, auf eine pikante Unterlage betten und mit etwas frischem Gemüse belegen – schmeckt gut und hilft sparen!
- Als Unterlage kannst du nahezu alle Aufstriche verwenden, sie müssen nur ungefähr zur Auflage passen. Einen Rote-Rüben-Aufstrich mit Camembert zu kombinieren, ist vielleicht doch Geschmackssache. Möchtest du die Unterlage eher neutral halten, so eignet sich am besten Butter, ungewürzter Frischkäse, Gervais oder Mayonnaise. Angenehm pikant schmeckt hingegen Dillsenf etwa unter Räucherlachsscheiben.
- Vergiss bitte nicht für ein „gesundes Innenleben" deiner Snacks zu sorgen! Salatblätter, Rucola, frische Salatgurken, Tomaten, Paprikaschoten, Radieschen, Kohlrabi, aber auch Sojasprossen, Zwiebelringe, Oliven, frische Kräuter und eingelegte Ananas oder Mandarinen lassen sicher keine Geschmacks-Langeweile aufkommen und sorgen für vitaminreiche Abwechslung. Einzige Einschränkung: Zutaten, die rasch verwelken oder unansehnlich werden, wie Avocado, Vogerlsalat oder Bananen, solltest du lieber meiden.
- Überlege beim Verpacken deines Snacks, ob du ihn auf einmal essen wirst oder besser auf zweimal aufteilst. Ein prächtig belegtes Baguette ohne Messer zu teilen, kann zur Herausforderung werden. Also lieber zu Hause halbieren und getrennt verpacken. Und Papierserviette oder -taschentuch nicht vergessen! Aber nicht in die Folie mit einpacken. Das macht die Serviette nur feucht und wirkungslos.

Schinken-Curry-Baguette

Gewiss keine Jause für jeden Tag, aber vielleicht Motivation in besonders harten Prüfungs- und Stresszeiten

ZUTATEN FÜR 2 GROSSE ODER 4 KLEINERE BAGUETTES

- 1 Stange Baguette
- 200 g in nicht zu dünne Scheiben geschnittener Truthahnschinken
- 4–6 Salatblätter
- 4 EL eingelegte Ananaswürfel
- 2 hart gekochte Eier (s. S. 36)
- 2 EL nicht zu fette Mayonnaise (Jogonnaise)
- 2 EL Sauerrahm
- 1 TL Currypulver
- 1 Prise Chilipulver
- Salz, Pfeffer
- Frischhaltefolie oder Butterbrotpapier

ZUBEREITUNG

■ Zuerst teilst du das Baguette in zwei oder vier Stücke, dann schneidest du diese mit einem scharfen Brotmesser jeweils auf.

■ Nun lässt du die Ananasstücke in einem Sieb gut abtropfen und schneidest sie dann noch etwas kleiner. Du gibst sie in eine Schüssel und vermengst sie mit Mayonnaise sowie Rahm. Du schmeckst mit Curry, Salz, Pfeffer sowie Chili pikant ab.

■ Dann wäschst du den Salat, tupfst ihn mit Küchenkrepp trocken und schneidest ihn in größere längliche Streifen. Du schälst die hart gekochten, kalten Eier und schneidest sie in Scheiben oder Spalten.

■ Jetzt belegst du die Unterseite der Baguettes mit Salat und bestreichst diesen mit der Ananas-Masse. Du verteilst die Eier darauf, deckst alles mit Schinken ab und setzt den Oberteil der Baguettes auf. In Frischhaltefolie oder Butterbrotpapier wickeln.

ACH, WAS ICH DIR NOCH SAGEN WOLLTE ...

Wenn du das Baguette möglicherweise nicht alleine isst und Grund zum Feiern hast, kannst du statt Truthahnschinken auch eingelegte Shrimps verwenden. Einziges Problem: ist unterwegs nicht ganz leicht zu essen und daher eher für zu Hause mit Serviette in Griffweite geeignet.

Käse-Sandwich

ZUTATEN FÜR 1 SANDWICH

**2 saftige Sandwich- oder Toastbrotscheiben
2 EL Frischkäse oder Kräutertopfen
in Scheiben geschnittener Emmentaler, Edamer, Butterkäse etc.
einige Scheiben Salatgurke
hart gekochtes Ei nach Belieben (s. S. 36)
1/2 Pkg. Brunnenkresse
Salz, Pfeffer aus der Mühle
Frischhaltefolie**

ZUBEREITUNG

■ Du legst die Sandwichscheiben auf und bestreichst beide auf einer Seite mit Frischkäse.

■ Dann belegst du ein Brot ganz nach Geschmack mit Käse nach Wunsch, gibst die Gurken- und nach Belieben auch Eierscheiben darauf und würzt mit wenig Salz und einer Prise frisch gemahlenem Pfeffer.

■ Nun schneidest du mit einer Schere die Kresse direkt über dem Brot ab und streust sie gleich auf das belegte Brot.

■ Du deckst wiederum mit Käse ab und legst die zweite Scheibe Brot mit der bestrichenen Seite nach unten darauf.

■ Jetzt drückst du das Brot leicht an, schneidest es diagonal in zwei Teile und wickelst diese gut in Frischhaltefolie ein.

Das-Kind-geht-aus-dem-Haus-**KOCHBUCH**

Tramezzini-Doppeldecker

Dieser Doppeldecker verspricht nur dann doppelten Genuss, wenn du saftiges, frisches Weißbrot dafür verwendest.

ZUTATEN
FÜR 1 PORTION

3 Scheiben Tramezzini-Brot oder saftiges Toastbrot (American Toast)
ca. 50 g dünn geschnittene Salami
1 kl. Essiggurkerl
1 EL Mayonnaise oder Frischkäse
1 Cocktailtomate
3–4 schwarze Oliven
frische Basilikumblätter
Klarsichtfolie

ZUBEREITUNG

■ Zuerst schneidest du das Essiggurkerl in sehr feine Würfel und verrührst es mit der Mayonnaise. Du entkernst die Oliven und schneidest sie ebenfalls in feine Streifen. Zuletzt wäschst du die Tomate und schneidest sie in Scheiben.

■ Wenn du Toastbrot verwendest, schneidest du die Rinde rundum weg.

■ Nun bestreichst du zwei Brotscheiben mit der Gurkerl-Mayonnaise.

■ Du belegst das erste Brot mit etwas Salami, streust die Oliven darüber und legst das zweite Brot mit der bestrichenen Seite nach oben darauf.

■ Jetzt bedeckst du das Brot abermals mit etwas Salami und verteilst die Tomatenscheiben darauf. Du legst die gewaschenen Basilikumblätter darüber und deckst mit der restlichen Salami ab.

■ Du legst die letzte Brotscheibe darauf und drückst den Doppeldecker zart an.

■ Mit einem scharfen Messer schneidest du den Doppeldecker diagonal in zwei Hälften und wickelst diese gut in Klarsichtfolie ein. Achtung: Tramezzini-Brot wird schnell trocken. Daher in diesem Fall kein Butterbrotpapier verwenden und wirklich fest einpacken!

Thunfisch-Tramezzini

ZUTATEN FÜR 6 KLEINE TRAMEZZINI

- 6 Scheiben Tramezzini-Brot oder saftiges Toastbrot (American Toast)
- 1 Dose eingelegter Thunfisch
- 2 EL Crème fraîche oder Mayonnaise
- 1–2 hart gekochte Eier (s. S. 36)
- 1 TL Kapern
- 1 Spritzer Zitronensaft
- Salz, Pfeffer

ZUBEREITUNG

- ■ Du lässt den Thunfisch in einem Sieb gut abtropfen und zerdrückst ihn in einer Schüssel mit einer Gabel möglichst fein (oder du pürierst ihn mit dem Mixstab).
- ■ Dann schneidest du die Kapern ganz fein und schmeckst den Thunfisch mit Crème fraîche oder Mayonnaise, den Kapern, einem Spritzer Zitronensaft, Salz sowie Pfeffer pikant ab.
- ■ Nun schälst du die hart gekochten, kalten Eier und schneidest sie in feine Scheiben.
- ■ Wenn du Toastbrot verwendest, schneidest du die Rinde rundum weg.
- ■ Du bestreichst die Hälfte der Brotscheiben mit der Thunfischmasse, verteilst die Eierscheiben darauf und deckst mit den übrigen Broten ab.
- ■ Du drückst die Tramezzini leicht an und schneidest sie mit einem scharfen Messer diagonal in Dreiecke. Abschließend wickelst du jeweils zwei Tramezzini übereinander gestapelt in Klarsichtfolie ein.

Süß-saurer Karotten-Sojasprossen-Salat

ZUTATEN FÜR 1 PORTION

2 kleine Karotten · 1 Hand voll Sojasprossen · 2 Frühlingszwiebeln
1 kleines Stück frischer Ingwer (1–2 cm) · 1 Zitrone · 3 EL Ananassaft
1 TL Honig · Salz, Pfeffer, Chilipulver · Brunnenkresse

ZUBEREITUNG

■ Du schabst zuerst die Karotten unter fließendem kalten Wasser mit einem kleinen Gemüsemesser (mit Wellenschliff) der Länge nach so lange ab, bis keine dunklen Stellen mehr zu sehen sind. Nun legst du die Karotten in einen Topf mit reichlich kochendem, leicht gesalzenem Wasser und lässt sie je nach Größe ca. 10–15 Minuten bissfest kochen. Dann hebst du sie heraus, schwemmst sie kalt ab und lässt sie auskühlen.

■ Nun lässt du das Wasser nochmals aufkochen, legst die Sojasprossen ein und überbrühst sie ganz kurz (ca. 30 Sekunden). Dann gießt du das Wasser ab und lässt die Sojasprossen in kaltem Wasser abkühlen.

■ Inzwischen schälst du für die Marinade den Ingwer und schneidest oder reibst ihn sehr fein. Du schälst die Frühlingszwiebeln, schneidest sie in feine Streifen und vermengst beides in einer Schüssel. Du halbierst die Zitrone, presst sie aus und gießt den Saft gemeinsam mit dem Ananassaft zu. Zum Schluss schmeckst du die Marinade mit Salz, Pfeffer, Honig und einer Prise Chilipulver ab.

■ Jetzt lässt du die Sojasprossen gut abtropfen, schneidest die kalten Karotten in 1–2 cm lange, dünne Streifen und verrührst beides gut mit der Marinade.

■ Du schneidest die Brunnenkresse direkt mit einer Schere über dem Salat ab und rührst nochmals durch. Du schmeckst nochmals ab und füllst den Salat in eine Frischhaltedose.

ACH, WAS ICH DIR NOCH SAGEN WOLLTE ...

Wenn du ein Rohkost-Freak bist, so brauchst du Karotten und Sojasprossen erst gar nicht zu kochen. Rasple die Karotten einfach und vermenge sie mit den gewaschenen Sprossen. Dazu passt übrigens auch noch andere Rohkost wie Kohlrabi, Sellerie oder Radieschen.

Alt-Wiener Hamburger

Dieses Rezept erinnert an die gute alte Zeit ohne BigMac & Co., als man in Wien ein kaltes Fleischlaibchen zwischen eine Semmel klemmte, den Erdäpfelsalat einpackte und hinaus in den Wienerwald pilgerte.

ZUTATEN
FÜR 2 PORTIONEN

- 2 Semmeln oder Laibchen
- 250 g Faschiertes
- 1 Ei
- 1 KL Semmelbrösel für die Masse
- 2 Frühlingszwiebeln
- 1/2 Tomate
- 1 kleine rote Zwiebel
- 2 EL Mayonnaise oder 1 EL scharfer Senf
- 2 Salatblätter
- Essiggurkerl und Käse nach Belieben
- Semmelbrösel zum Bestreuen
- Salz, Pfeffer, Muskatnuss
- Öl zum Braten
- Alu- oder Klarsichtfolie

ZUBEREITUNG

■ Zunächst schälst du die Frühlingszwiebeln und schneidest sie in feine Würfel. In einer Pfanne lässt du etwa einen Esslöffel Öl heiß werden und schwitzt die Zwiebeln darin langsam an, bis sie schön hell und glasig sind. Dann nimmst du sie wieder vom Feuer.

■ Jetzt vermengst du das Faschierte in einer Schüssel mit den Zwiebeln, schlägst das Ei hinein und würzt mit Salz, Pfeffer und Muskatnuss. Zum Schluss rührst du noch die Semmelbrösel dazu.

■ Nun machst du die Hände mit kaltem Wasser etwas feucht, formst zwei schöne, dicke Laibchen aus der Masse und bestreust sie mit etwas Semmelbröseln.

■ Du gießt so viel frisches Öl zusätzlich in die Pfanne, dass es etwa 5 mm hoch steht und erhitzt es.

■ Du legst die Laibchen ein und lässt sie bei mittlerer Hitze auf jeder Seite je nach Stärke ca. 5–7 Minuten braten. Währenddessen kannst du auch einen Deckel aufsetzen, damit die Laibchen schneller durch werden. Dann hebst du sie heraus und lässt sie abkühlen.

■ Inzwischen schneidest du die rote Zwiebel in feine Würfel und vermengst sie ganz nach Vorliebe mit Mayonnaise oder Senf.

■ Du wäschst die Salatblätter und tupfst sie gut trocken. Du schneidest die gewaschene Tomate in Scheiben.

■ Nun schneidest du die Semmeln der Breite nach durch und belegst die Unterseite mit je einem Salatblatt. Du trägst die Zwiebelmayonnaise bzw. -senf auf. Wenn du möchtest, kommt jetzt noch das in Streifen geschnittene Essiggurkerl dazu.

■ Du legst das Laibchen darauf, bedeckst es mit Tomate und setzt die andere Semmelhälfte auf. Abschließend packst du die Semmeln in Alu- oder Klarsichtfolie ein.

■ Du kannst das Laibchen natürlich auch heiß in die Semmel füllen und gleich essen. In diesem Fall könntest du auch noch eine Scheibe Käse darauflegen. Aber dann heißt es: Zurück an den Start und nochmals Jause machen!

Foto nächste Doppelseite

ACH, WAS ICH DIR NOCH SAGEN WOLLTE ...

Für **faschierte Laibchen** aus der echten Hausmannskost mengst du noch etwa eine halbe in Milch oder Wasser eingeweichte Semmel sowie klein geschnittene Petersilie und etwas gehackten Knoblauch unter. Dadurch wird die Masse noch flaumiger und g'schmackiger. Faschierte Laibchen werden – so wie Hamburger – natürlich warm gegessen. Am besten passt dazu Kartoffelpüree und grüner Salat. Übrigens: Das Rezept funktioniert auch ganz ausgezeichnet, wenn man die Fleischlaibchen durch kalte Wiener Schnitzel oder Hühnerschnitzel ersetzt.

Snacks for bags

Caprese-Salat

Das Originalrezept aus Capri. So einfach, so gut!

ZUTATEN FÜR 1 PORTION

- 1 Kugel Mozzarella
- 1–2 Tomaten
- gutes Olivenöl
- Salz, Pfeffer
- frische Basilikumblätter

ZUBEREITUNG

- Du wäschst die Tomaten, schneidest den Stielansatz heraus und die Tomaten in Scheiben.
- Dann nimmst du den Mozzarella aus der Lake, lässt ihn kurz abtropfen und schneidest ihn ebenfalls in mundgerechte Stücke.
- Nun schneidest du die gewaschenen Basilikumblätter in feine Streifen und vermengst alles vorsichtig in einer Schüssel.
- Du gießt etwas Olivenöl darüber und würzt mit Salz sowie Pfeffer.
- Jetzt kannst du den Salat in eine Frischhaltedose umfüllen.

DAZU PASST: frisches Weißbrot

Mediterraner Nudel-Salat mit Prosciutto

ZUTATEN FÜR 2–3 PORTIONEN

150 g Penne, Fusilli, Farfalle oder andere kleinere Nudeln
100 g nicht zu dick geschnittener Prosciutto (Rohschinken) oder Press-Schinken · je 1/2 rote und grüne Paprikaschote · 1/2 Zucchini
2 EL Sauerrahm · 2 EL Joghurt · 1 EL Mayonnaise · Essig, Zucker
Salz, Pfeffer, Chilipulver · 1 EL gehackte Kräuter wie Oregano, Basilikum oder Estragon etc. (auch tiefgekühlt) · 1 EL Pinienkerne nach Belieben

ZUBEREITUNG

■ Zuerst bringst du in einem großen Topf reichlich Wasser, das du zuvor mit einem Schuss Essig und einer kräftigen Prise Salz gewürzt hast, zum Kochen. Du gibst die Nudeln hinein und lässt sie je nach Anleitung auf der Packung ca. 7–11 Minuten gerade bissfest kochen (s. auch S. 72). Achtung: Die Nudeln werden durch das Ziehen im Salat nachher noch weicher. Dann gießt du die Nudeln in ein Sieb, schwemmst sie mit kaltem Wasser ab und lässt sie auskühlen.

■ Inzwischen wäschst du die Zucchini gut und schneidest sie in mundgerechte Würfel.

■ Du entfernst von den Paprikaschoten Stielansatz, Kerne sowie weiße Trennwände und wäschst sie gut aus. Dann schneidest du sie ebenfalls in mundgerechte Stücke.

■ Den Schinken schneidest du in ca. 2 cm lange Streifen.

■ Dann vermengst du für die Marinade den Sauerrahm in einer kleinen Schüssel mit Joghurt, Mayonnaise und einer winzigen Prise Zucker.

■ Jetzt vermischst du in einer größeren Schüssel die gekochten Nudeln mit dem Gemüse, dem Schinken und der Marinade. Du mischst alles nochmals gut durch, schmeckst ab und mengst die gehackten Kräuter unter. Abschließend rührst du nach Belieben die Pinienkerne ein.

■ Du füllst den Nudelsalat in Frischhaltedosen und lässt ihn noch etwas kühl ziehen. Wenn du den Salat dann später isst, solltest du ihn nochmals durchrühren.

ACH, WAS ICH DIR NOCH SAGEN WOLLTE ...

Du kannst den Salat auch exotisch anlegen, indem du ihn mit Garam Masala oder Currypulver würzt und noch Ananasstückchen unterrührst. In jedem Fall gleich wichtig: So lange wie möglich kühl ziehen lassen! Wenn du den Salat zu Hause essen solltest, könntest du kurz vor dem Anrichten noch Tomaten- oder Gurkenscheiben untermengen. Letztere sollten aber nicht zu lange „mitziehen", da sie den Salat wässrig machen würden.

Was mache ich, wenn ich meine Nudeln versehentlich zahnlos weich gekocht habe?

Kein Problem, du kaufst dir unterwegs eine Jause und machst am Abend eine Art **Frittata**. Dafür vermengst du in einer Schüssel die missratenen Nudeln mit 3-4 verrührten Eiern, einem Schuss Milch, frischen Kräutern und vorrätigem klein geschnittenen gegarten Gemüse (oder auch Fleisch) und würzt es kräftig mit Salz und Pfeffer. Dann bäckst du die Masse in einer Pfanne in heißem Öl auf beiden Seiten knusprig. Dazu gibt's am besten Salat und ein Glas Rotwein als kleines Trostpflaster.

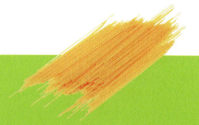

Basic-Rezept
Nudeln kochen

- Du nimmst einen großen Topf und lässt darin reichlich Wasser aufkochen. Der Idealwert ist dabei von Profis mit 1 Liter pro 100 g Nudeln festgesetzt worden. Das funktioniert im Küchenalltag speziell bei größeren Portionen nicht immer, du solltest aber versuchen, diesem Richtwert so nahe wie möglich zu kommen.
- Dann salzt du das Wasser mit einer kräftigen Prise. Ich pflege noch den alten Brauch, stets einen Schuss Olivenöl ins Wasser zu geben, damit die Nudeln später nicht zusammenkleben. Von Küchenprofis wurde das mittlerweile als (angeblich) purer Aberglaube entlarvt. Wie auch immer, ich denke: Hilft es nichts, so schadet es zumindest nicht. Mach du nur, wie du glaubst.
- Dann legst du die Nudeln ein und schaltest auf deiner Küchenuhr vorerst einmal die angegebene Kochzeit minus 1–2 Minuten ein. Die Nudelhersteller messen da oft mit verschiedenem Maß, und so kannst du sichergehen, dass deine Nudeln nicht verkochen. Bei langen Spaghetti musst du am Beginn mitunter etwas nachhelfen. Du legst die Spaghetti ein und drückst sie mit einem Bratenwender oder einer Tortenschaufel sanft und langsam im oder gegen den Uhrzeigersinn ins kochende Wasser, bis alle Nudeln „untergetaucht" sind.

- Während die Nudeln kochen, solltest du wiederholt umrühren, damit sie sich nicht am Topfboden anlegen.
- Das heikle Thema „Kochzeit" ist einerseits eine Geschmacksfrage, andererseits eine Frage der Sorgfalt. Eine Faustregel besagt, dass eine richtig al dente, also bissfest, gekochte Spaghetti-Nudel, die mit einem Kochlöffel herausgefischt wurde, nicht völlig schlaff herunterhängen sollte. Sie sollte sich oben noch leicht wölben. Eine andere Methode erkennt an der Farbe der Nudel, ob sie zu weich oder richtig gegart wurde: Ist sie noch ganz leicht glasig, so ist sie sicher nicht zu weich, geht ihre Farbe schon ins milchig-mehlige, so ist sie schon mehr als al dente gekocht. Darüber hinaus wird im Fachhandel eine Vielzahl von Geräten und Instrumenten angeboten, die die Kochzeit exakt messen sollten. Meine Meinung: lustig, aber überflüssig.
- Die sicherste Methode ist immer noch die einfachste: nach der leicht verkürzt eingestellten Kochzeit wiederholt kosten und den eigenen Geschmack entscheiden lassen. Dafür holst du einfach eine Nudel heraus und probierst.
- Dann gießt du die Nudeln in ein großes Sieb und lässt das Wasser ablaufen. Ob du die Nudeln danach mit kaltem Wasser abschreckst oder nicht, hängt vom Rezept ab. Werden die Nudeln erst später (Stichwort: Schinkenfleckerl) oder gar kalt verwendet, so müssen sie kalt abgespült werden. Werden sie sofort mit Sugo oder Sauce vermengt, kann man darauf verzichten. Viele Italiener schrecken Nudeln übrigens ab, indem sie ein Glas eiskaltes Wasser zu den kochenden Nudeln gießen.
- Die mittlerweile auch im Supermarkt angebotenen Nudeln aus frisch gemachtem, nicht getrockneten Teig (Pasta fresca) haben eine bedeutend kürzere Kochzeit. Da reichen meist 2–3 Minuten. Aber auch hier sollte man dem eigenen Gaumen mehr vertrauen als der Anleitung auf der Verpackung. Und damit basta mit der Pasta.

Snacks for bags

Hilfe, ich habe Hunger!

Schnelle Rezepte bei plötzlichen Hungerattacken
Vom Strammen Max über Gemüsepfannen bis Spaghetti & Co.

Radieschen-Gurken-Carpaccio
mit Räuchermakrele und Dilljoghurt

Als Carpaccio bezeichnet man längst nicht mehr nur das hauchdünn geschnittene Rinderfilet, das 1956 in Harry's Bar in Venedig erfunden wurde, sondern einfach alles dünn Aufgeschnittene.

ZUTATEN
FÜR 1 PORTION

- 1/2 Gurke
- 2–3 Radieschen
- 1 Filet Räuchermakrele (oder geräucherte Forelle, aber auch Biskmarckhering etc.)
- 1/2 Becher Joghurt
- 1–2 EL Rahm
- 2–3 Dillzweige
- 1 Msp. scharfer Senf
- Salz, Pfeffer

ZUBEREITUNG

■ Zuerst zupfst du die Blätter von den Dillzweigen und schneidest sie mit einem scharfen Messer fein. Dabei legst du ein kleines Zweiglein für die Garnitur beiseite.

■ Dann wäschst du die Radieschen und das Stück Gurke gut und schneidest bei den Radieschen die Wurzeln sowie Stielansätze weg. Du schneidest alles in feine Scheiben und legst diese gleich auf einem Teller rosettenartig auf.

■ Nun entgrätest du das Räucherfischfilet sorgfältig, schneidest es in mundgerechte Stücke und legst diese auf die Gemüserosette.

■ Du verrührst das Joghurt in einer kleinen Schüssel oder Tasse mit Rahm, würzt mit Salz, Pfeffer und einer Messerspitze Senf und mengst abschließend die Dille unter.

■ Jetzt platzierst du das Dilljoghurt mit einem Kaffeelöffel in Form von kleinen Nockerln zwischen den Räucherfischstückchen.

■ Du garnierst das Carpaccio mit dem Dillzweiglein.

DAZU PASST: knuspriges Brot oder Toast

ACH, WAS ICH DIR NOCH SAGEN WOLLTE ...
Statt Gurke und Radieschen kannst du freilich auch anderes Gemüse, wie etwa Kohlrabi, Tomaten oder Karotten verwenden. Wenn du den Dillgeschmack nicht magst, so würze das Joghurt mit anderen Kräutern oder auch mit Currypulver.

Böhmische Eintropfsuppe

Klingt hoffnungslos out, ist aber nach wie vor unschlagbar, wenn es darum geht, mit minimalsten Mitteln maximal satt zu werden.

ZUTATEN
FÜR 2 PORTIONEN
- 500 ml Rind- oder Gemüsesuppe (s. u.)
- 1 Ei
- wenig Mehl
- Salz, Pfeffer
- fein geschnittener Schnittlauch zum Bestreuen

ZUBEREITUNG

■ Du bringst die Suppe in einem Topf zum Kochen. Das geht übrigens schneller, wenn du den Topf mit einem Deckel zudeckst.

■ Währenddessen schlägst du das Ei in eine Tasse oder kleine Schale und rührst so viel Mehl ein, dass du einen zähflüssigen Teig erhältst. Mit Salz und Pfeffer würzen.

■ Sobald die Suppe kocht, lässt du den Teig über eine Gabel oder ein umgedrehtes Reibeisen (durch die größeren Öffnungen) direkt in die Suppe tropfen.

■ Einmal aufkochen, mit Schnittlauch bestreuen – und fertig!

ACH, WAS ICH DIR NOCH SAGEN WOLLTE ...

Du kannst die Suppe durch allerlei mitgekochtes Gemüse wie Kohlrabi, Karotten, Sellerie oder Erbsen um einige Vitamine bereichern. Solltest du keine selbst gemachte Suppe zur Verfügung haben, so kannst du im Notfall auch einen Suppenwürfel (oder Suppenwürze) in Wasser aufkochen, wobei du in diesem Fall zur Geschmacksverfeinerung unbedingt noch Gemüse mitkochen solltest.

Basic-Rezept
Würstel kochen

- Du füllst in einen Topf, der groß genug ist, dass die Würstel darin gut Platz haben, reichlich heißes Wasser ein und lässt es bei großer Hitze aufkochen.
- Dann legst du die Würstel ein, wartest 1–2 Minuten und reduzierst die Hitze so, dass das Wasser nicht mehr kocht, sondern nur noch kleine Bläschen aufsteigen. (In kochendem Wasser würden die Würstel rasch platzen.)
- Jetzt lässt du die Würstel nicht zugedeckt ca. 10 Minuten im Wasser ziehen und drehst sie währenddessen einmal um.
- Du hebst die Würstel heraus und servierst sie mit Senf und/oder geriebenem Kren und Brot.
- Zum Kochen eignen sich Frankfurter, Debreziner, Weißwürste, Klobasser, Buren- oder Hauswurst, aber keine Bratwürstel.

Hilfe, ich habe Hunger!

Spezialtoast

Was die einen „Spezial" nennen, ist für die anderen „gemischt" oder „vom Haus" – wichtig dabei ist, dass der Toast mit Schinken und Käse gefüllt wird.

ZUTATEN FÜR 1 PORTION

- 2 Scheiben Toastbrot
- 2–4 Scheiben Schinken
- 2 nicht zu dünne Scheiben Gouda, Emmentaler oder anderer Käse
- Butter
- Salz, Pfeffer
- Ketchup nach Belieben

ZUBEREITUNG

■ Du bestreichst eine Scheibe Toastbrot mit etwas Butter und legst zwei Scheiben Schinken so darauf, dass der gesamte Toast damit bedeckt ist. Dafür musst du den Schinken eventuell auf die richtige Größe zuschneiden.

■ Dann belegst du den Schinken gut mit Käse, achtest aber darauf, dass er nicht über den Toastbrotrand hinausragt. (Dieser Käse würde sonst zu früh schmelzen und in die Pfanne tropfen.). Mit wenig Salz sowie etwas Pfeffer bestreuen und den restlichen Schinken darauflegen.

■ Nun legst du die zweite Brotscheibe darauf, drückst sie leicht an und bestreichst sie obenauf mit wenig Butter.

■ Du lässt etwa einen Kaffeelöffel Butter in einer kleinen Pfanne (mit Deckel) schmelzen und legst den Toast mit der nicht gebutterten Seite nach unten ein. Jetzt brätst du ihn 1–2 Minuten bei mittlerer Hitze an, bis er schon etwas goldgelb geworden ist.

■ Dann wendest du ihn mit einem Bratenwender und lässt ihn abermals 1–2 Minuten goldgelb werden. Hitze auf das absolute Minimum reduzieren, den Deckel aufsetzen und auf beiden Seiten noch jeweils ca. 6–7 Minuten toasten.

■ Nach insgesamt ca. 15 Minuten sollte der Toast richtig knusprig und der Käse innen schön geschmolzen sein.

■ Du hebst ihn heraus und wickelst ihn bis zur Hälfte in eine Serviette, die du dann wie eine Tasche umschlägst. Nach Geschmack mit Ketchup servieren.

ACH, WAS ICH DIR NOCH SAGEN WOLLTE ...

Freilich kannst du den Toast auch bei größerer Hitze schneller braten. „Auf die langsame Tour" wird er allerdings saftiger und der Käse schmilzt besser. Apropos Käse: je mehr Käse du hineingibst, desto besser schmeckt der Toast. Der im Supermarkt erhältliche abgepackte Schmelzkäse ist – wie so vieles – Geschmackssache. Er schmilzt rascher, ist dünnflüssiger (fließt daher auch rascher aus) und lässt oft den typischen Käsegeschmack vermissen. Für **Käsetoast** lässt du einfach den Schinken weg, für **Schinkentoast** wiederum den Käse.

Was mache ich, wenn der Toast anbrennt?

Wenn der Toast nur etwas angebrannt ist, kannst du versuchen, die dunkle Schicht mit einem Wellenschliffmesser vom Toastbrot abzukratzen. Ist das nicht mehr möglich, so wickle den Toast zum Warmhalten in eine Alufolie und toaste bei großer Hitze rasch ein Toastbrot auf einer Seite. Dann kannst du die brandneue Toastscheibe gegen die angebrannte austauschen.

Hilfe, ich habe Hunger!

Strammer Max

Ein besonders gut gewachsener Vertreter aus der großen Familie der sättigenden „Warmen Brote"

ZUTATEN FÜR 1 PORTION

- 1 größere Scheibe Schwarzbrot
- 1 Ei
- dünn geschnittenes Geselchtes oder Schinken zum Belegen
- Salz, Pfeffer, Paprikapulver nach Belieben
- Butter
- Schnittlauch

ZUBEREITUNG

■ Du bestreichst das Brot auf einer Seite mit wenig Butter, schneidest das Geselchte oder den Schinken in breitere Streifen und belegst das Brot damit.

■ Nun lässt du etwa einen Kaffeelöffel Butter in einer kleinen Pfanne schmelzen. Du gibst das Brot mit der belegten Seite nach oben in die Pfanne, setzt den Deckel auf und röstest das Brot bei mittlerer Hitze einige Minuten, bis es unten knusprig ist.

■ Dann hebst du das Brot wieder heraus und umhüllst es zum Warmhalten mit Alufolie.

■ Jetzt schäumst du nochmals etwas Butter in der heißen Pfanne auf. Du schlägst das Ei vorsichtig in die Pfanne und brätst es langsam zu einem Spiegelei. (Bei Problemen beim Ei-Aufschlagen siehe auch S. 37)

■ Inzwischen hast du Zeit, um etwas Schnittlauch fein zu schneiden.

■ Du legst das Brot (ohne Alufolie) auf einen Teller, hebst das fertige Spiegelei mit einem Bratenwender heraus und legst es auf das Brot. Du würzt den Strammen Max mit Salz, Pfeffer, eventuell auch mit Paprikapulver und bestreust ihn mit Schnittlauch.

ACH, WAS ICH DIR NOCH SAGEN WOLLTE ...

Du kannst das Spiegelei in einer zweiten Pfanne auch parallel zum Brot rösten. In diesem Fall könntest du das Brot auch noch mit Käse belegen, den du dann schmelzen lassen musst. Für ein **Eierspeis-Brot** röstest du eine Scheibe Brot in etwas Butter an und richtest darauf eine Eierspeis, die du auch mit Kernöl verfeinern kannst, an. Schmeckt super!

Süßkartoffel-Salami-Tortilla

ZUTATEN FÜR 1 PORTION

1–2 Tortillas (im Supermarkt erhältlich) · 1 kleine Süßkartoffel
1 Tomate · 1/4 Paprikaschote · 1/2 Zucchini · 3 dickere Scheiben Salami
(oder Geselchtes, Schinken etc.) · 2 EL Joghurt · 2 EL geriebener Käse
Chiliöl oder fein gehackte Chilischote nach Geschmack · Paprikapulver
Salz, Pfeffer

ZUBEREITUNG

■ Für die Fülle kochst du zunächst die Süßkartoffel in leicht gesalzenem Wasser etwa 15 Minuten weich.

■ Inzwischen hast du Zeit das Gemüse vorzubereiten. Du entfernst überall den Stiel, wäschst die Paprikaschote unter fließendem kalten Wasser und schneidest alles in kleine Würfelchen. Die Salami in feine Streifen schneiden.

■ Die mittlerweile weich gekochte Süßkartoffel lässt du in kaltem Wasser etwas auskühlen, schälst sie dann und schneidest sie ebenfalls in kleine Würfel.

■ Nun vermischst du alles in einer Schüssel, rührst das Joghurt sowie den geriebenen Käse ein und würzt mit Salz, Pfeffer, Paprikapulver sowie mehr oder weniger Chili.

■ Du legst die Tortilla am besten in eine beschichtete Pfanne und erhitzt sie bei mittlerer Hitze. Dann streichst du die Masse auf eine Hälfte der Tortilla, klappst diese in der Mitte zusammen, setzt den Deckel auf die Pfanne und lässt die Tortilla bei mittlerer bis niedriger Hitze ca. 5 Minuten heiß werden. Mit einem Bratenwender vorsichtig wenden und nochmals 5 Minuten wirklich heiß werden lassen.

■ Tortilla aus der Pfanne heben und auf einem Teller anrichten.

ACH, WAS ICH DIR NOCH SAGEN WOLLTE ...

Hast du keine Tortillas zu Hause, so kannst du die Masse auch in eine dicker gebackene Palatschinke (s. S. 48) füllen. Auch bei der Auswahl des Gemüses kannst du deiner Phantasie freien Lauf lassen und einfach das nehmen, was Kühlschrank und Gemüsefach bieten.

Rat & Tat
Aromen mit Pfiff

Kochen ohne Salz ist möglich, schmeckt aber nicht. Muss ja auch nicht sein, es sei denn, du bist auf Diät. Ob Meersalz, Fleur de sel, Kräutersalz, Himalayasalz oder schlicht normales Speisesalz – damit schaffst du den geschmacklichen Grundton in deinen Speisen. Doch rund um dieses Grundgerüst rankt sich eine bunte Vielfalt von Aromaten, wie solche Geschmackszutaten auch genannt werden. Im Folgenden die effektvollsten Würz- und Aromastoffe.

CHILI- ODER TABASCOSAUCE
Scharfe Würzsauce. Vorsicht: Für weniger abenteuerlustige Gaumen und empfindliche Mägen nur maßvoll einsetzen!

CHILISCHOTEN
Frisch und getrocknet erhältlich. Nach Belieben Schoten halbieren, Kerne entfernen (darin liegt die eigentliche Schärfe) und Schoten fein schneiden. In jedem Fall Vorsicht: Hände nach dem Schneiden waschen und nicht gleich danach Augen reiben!

CURRYPULVER UND GARAM MASALA
Beliebte asiatische Gewürzmischungen, die für Fleisch-, Gemüse-, aber auch Reisgerichte gerne verwendet werden. Schmeckt übrigens auch gut über kalten Joghurt-Gurkensalat.

FRISCHE KRÄUTER
Auch als Tiefkühlprodukt empfehlenswert. Dauerseller: Basilikum, Petersilie und Schnittlauch, für Experimentierfreudige: Koriandergrün, das speziell in der asiatischen Küche eine tragende Rolle spielt.

INGWERWURZEL
Durch die Asia-Welle wieder sehr beliebte Gewürzknolle, die sowohl für pikante als auch süße Gerichte verwendet wird. Schälen, fein reiben oder sehr fein schneiden und rein damit – das frische, leicht scharfe typische Ingwer-Aroma passt zu fast allem. Ist auch als Pulver erhältlich.

KÜMMEL
Für viele Gerichte aus der Hausmannskost (Schweinsbraten, Krautsalat) wesentliches Würzmittel, das meist im Ganzen, also als Samen, aber auch als Pulver angeboten wird.

MUSKATNUSS
Beliebtes fein-aromatisches Gewürz, das du am besten als ganze Nuss kaufst und dann mit einer scharfen Reibe direkt in das Gericht hineinreibst. Auch als Pulver erhältlich.

OREGANO
Meist in getrockneter Form verwendetes Gewürz, das vor allem in der mediterranen Küche bei Pizza & Co. zum Einsatz kommt.

PAPRIKAPULVER
Ob als scharfe oder edelsüße Variante, das feine Pulver verleiht deinen Speisen eine leichte Schärfe und – vor allem – ein sattes Rot. Auch zum dekorativen Bestreuen von Aufstrichen, Käsebroten etc. geeignet.

PFEFFER
Unentbehrliches Gegenstück zu Salz, das du wirklich nur frisch gerieben aus der Mühle verwenden solltest. Die kleine Mühe macht sich bezahlt, denn Pfeffer aus dem Sackerl schmeckt einfach fad (siehe dazu auch Pfeffermühle S. 28).

SENF
In allen Preis- und Geschmacksstufen erhältliche Allround-Würzzutat, die nicht nur zur Käsekrainer passt. Süßer oder schärfer, Dijon- oder Pommerysenf, mit Estragon oder Mayonnaise verfeinert – Senf kommt bei Saucen, Aufstrichen, Braten oder in der kalten Küche zum Einsatz.

SHERRY
Schmeckt zwar als Aperitif auch nicht schlecht, verleiht aber auch so mancher feinen Sauce das nötige geschmackliche Rückgrat.

SOJASAUCE
Alles, was aus der asiatischen Küche stammt und würzig schmeckt, ist vermutlich damit gewürzt. Vorsicht: Sojasauce schmeckt salzig und ersetzt daher (fast) das Würzen mit Salz.

SUPPENWÜRFEL UND -WÜRZE
Offiziell dürfte das hier eigentlich nicht stehen, aber selbst Spitzenköche zaubern hin und wieder mit einer Prise Suppenwürze oder einem halben Suppenwürfel ein verstärktes Aroma in Saucen, Suppen oder Gemüsegerichte. Vergiss es halt schnell wieder!

WORCESTER(SHIRE)SAUCE
Englisches Gegenstück zur Sojasauce. Die pikante Würzsauce wird vor allem zum Aromatisieren von Saucen verwendet, wobei meist ein paar Tropfen genügen.

ZIMT
Hin und wieder kannst du das meist der Süßen Küche zugeordnete Gewürz durchaus auch in der sauren Abteilung einsetzen. Speziell wenn du eine leicht exotisch-arabische Note in deine Speisen bringen möchtest. Probier einmal Faschiertes mit Zimt und Muskatnuss zu würzen …

Orientalisches Melanzani-Zucchini-Gemüse mit Couscous

Dieses gesunde Gemüsegericht steht bei meinen Töchtern sehr, sehr oft auf dem Speiseplan, da es außer dem Schneiden von Melanzani und Zucchini eigentlich kaum etwas zu tun gibt.

ZUTATEN FÜR 2 PORTIONEN

- 1 Melanzani
- 1 Zucchini
- 1 Dose geschälte Tomaten
- 50 g Speck
- je 1 Prise Zimt, Muskatnuss, Currypulver, Majoran, Kurkuma (wenn vorhanden)
- Chiliöl, Chilipulver oder Harissa
- Knoblauch nach Belieben
- Salz, Pfeffer
- 2 EL Olivenöl

FÜR DAS COUSCOUS
- 1 Glas (250 ml) Couscous
- 250 ml Wasser
- Salz
- 1 nussgroßes Stück Butter
- Olivenöl

ZUBEREITUNG

■ Du wäschst zuerst das Gemüse, entfernst die Stiele und schneidest es ebenso wie den Speck in kleine Würfel.

■ Dann erhitzt du in einer Pfanne das Olivenöl und röstest den Speck an. Du gibst das Gemüse zu und lässt alles gemeinsam ca. 5–10 Minuten anschwitzen. Währenddessen musst du wiederholt umrühren, damit sich nichts anlegt.

■ Sobald das Gemüse schön weich ist, gibst du die Tomaten und Gewürze und, wenn du möchtest, etwas fein geschnittenen oder gepressten Knoblauch dazu und lässt alles für weitere 5–10 Minuten einkochen.

■ Inzwischen kochst du in einem anderen Topf das leicht gesalzene Wasser auf. Du gießt einen Schuss Olivenöl dazu, rührst das Couscous ein und ziehst den Topf vom Herd. Du lässt das Couscous nach Packungsanleitung (meist 5 Minuten) rasten. Dann lockerst du das Couscous mit einer Gabel auf und rührst die Butter ein.

■ Jetzt schmeckst du das Gemüse nochmals ab und servierst es mit dem fertigen Couscous.

DAZU PASST: Tomaten- oder Gurkensalat

ACH, WAS ICH DIR NOCH SAGEN WOLLTE ...
Für einen handfesten **Melanzani-Fleisch-Eintopf** röstest du zu Beginn etwa 300 g Faschiertes gemeinsam mit dem Speck an.

Spaghetti alla bolognese

Was für meine Großmutter noch fremder als ein Fremdwort war, zählt für meine Töchter zum unumstößlichen Fixpunkt auf der internen Hitliste

ZUTATEN

Pro Portion 80–100 g Spaghetti oder andere Pasta (Penne, Pappardelle, Tagliatelle etc.)

FÜR 3–4 PORTIONEN SUGO BOLOGNESE

250–300 g Faschiertes
1/2 Dose Pelati (geschälte Tomaten)
1 kl. Glas Sugo
1/2 Karotte
1/2 kleine Zwiebel
2 Knoblauchzehen
2–3 EL Olivenöl
1 TL Oregano
Salz, Pfeffer
Parmesan zum Bestreuen (im Ganzen oder gerieben)

ZUBEREITUNG

■ Zuerst putzt oder schälst du die Karotte und raspelst sie auf eine Reibe oder schneidest sie in sehr feine Streifen. Du schälst Knoblauch und Zwiebel und schneidest beides in sehr feine Würfel. Du gießt die Pelati in einen Suppenteller, schneidest sie einige Male durch und prüfst mit den Fingern, ob sich auch kein Stielansatz mehr darin verirrt hat.

■ Nun lässt du in einem Topf etwas Olivenöl heiß werden. Du gibst die Zwiebeln gemeinsam mit den Karotten zu und lässt alles 2–3 Minuten bei nicht zu großer Hitze andünsten.

■ Dann gibst du den Knoblauch dazu und gleich darauf das Faschierte. Das Faschierte zerbröselst du am besten gleich beim Hineingeben zwischen den Fingern und zertrennst es dann mit dem Kochlöffel in möglichst kleine Stückchen. Nun röstest du das Fleisch unter kräftigem Rühren so lange an, bis es rundum angebraten ist.

■ Jetzt kommen das Fertigsugo sowie die Tomaten in den Topf. Du würzt kräftig mit Salz sowie Pfeffer und lässt alles zugedeckt ca. 15 Minuten bei nicht zu großer Hitze vor sich hinköcheln. Dabei rührst du wiederholt um, damit sich nichts anlegt. Wird das Sugo zu trocken, so gieß noch etwas Tomatensaft oder einen Schuss Rotwein dazu.

■ Währenddessen bringst du in einem größeren Topf reichlich Salzwasser zum Kochen und kochst die Spaghetti nach Anleitung (meist 8–12 Minuten) al dente (s. dazu auch Seite 72).
■ Nun rührst du den Oregano unter das Sugo, schmeckst nochmals ab und gießt die fertig gekochten Spaghetti in ein Sieb. Du schüttelst das Sieb einige Male, damit die Spaghetti gut abtropfen können und richtest sie in einem Suppenteller an. Du gibst jeweils einen Schöpflöffel Sugo darauf und streust frisch gehobelten oder bereits geriebenen Parmesan darüber.

Foto nächste Doppelseite

ACH, WAS ICH DIR NOCH SAGEN WOLLTE ...

Nach dem Originalrezept, auf das mein Mann allergrößten Wert legt, müsstest du noch klein geschnittenen Sellerie zugeben und auf das Fertigsugo selbstverständlich verzichten. Ein Wunsch, der allerdings von meinen Töchtern und mir oft ignoriert wird. Sugo kochst du am besten immer gleich für mehrere Portionen. Es hält sich im Kühlschrank einige Tage, lässt sich portionsweise bestens tiefkühlen und bei Bedarf dann (mit wenig Flüssigkeit) rasch wieder erwärmen.

Hilfe, ich habe Hunger!

Rat & Tat
Die 10 preisgünstigsten Sugo- und Pesto-Tricks

Pasta und Co. zählen zu den Hungerkillern Nummer eins. Sie schmecken, sind dank Hartweizengrieß oder Vollkornmehl gesund und machen absolut satt. Dazu brauchen sie allerdings die passende Begleitung, die die Sache ins Rutschen bringt. Vieles davon passt übrigens auch für Gnocchi, die du fertig kaufen kannst.

• Du erhitzt in einer Pfanne großzügig Olivenöl, röstest Knoblauchscheiben darin hell an und rührst klein gehackten Chili unter. Abgetropfte Nudeln zugeben, durchmischen und mit Salz sowie Pfeffer würzen. Mit Parmesan bestreuen – und fertig sind die **Spaghetti aglio e olio.**

• Du brätst Speckwürfel in Olivenöl an, gießt mit Suppe sowie etwas Schlagobers auf und lässt alles sämig einkochen. Du rührst die abgetropften Nudeln unter und mengst abseits der Herdplatte eventuell noch ein mit wenig Schlagobers verrührtes Ei ein. Dann schmeckst du die **Spaghetti Carbonara** mit Salz sowie Pfeffer ab und bestreust sie mit Parmesan.

• Du röstest etwas Speck-, Knoblauch- und Zwiebelwürfel gemeinsam in etwas Olivenöl an, rührst klein geschnittene Dosentomaten dazu und gießt mit einem Schuss Weißwein auf. Du würzt mit Chili und lässt die **Spaghetti all' arrabbiata** noch ein paar Minuten einkochen.

• Du gibst den Inhalt eines Pestoglases (Püree aus Basilikum, Oliven o. ä., das in jedem Supermarkt erhältlich ist) in einen kleinen Topf und erwärmst das Pesto gemeinsam mit gehackten Pinien, Nüssen oder Kürbiskernen. Wenig Suppe, Weißwein oder Nudelkochwasser einrühren und Sugo mit Olivenöl abrunden.

• Du schäumst in einem Topf reichlich Butter auf, rührst geriebene Nüsse ein und gießt etwas Suppe oder Nudelkochwasser dazu. Würzen und frisch gehacktes Basilikum einstreuen. Du rührst die abgetropften Nudeln ein und bestreust alles mit Parmesan.

• Du schneidest beliebige Reste von gegartem Fleisch (Braten, Koteletts, Faschiertes etc.), Schinken oder Speck sehr fein und röstest das in etwas Olivenöl an. Du gibst ein Glas Tomatensugo dazu, schmeckst mit Salz, Pfeffer sowie Oregano ab und lässt es kurz einkochen.

- Du röstest sehr fein geschnittenes Gemüse (Zucchini, Kohlrabi, Karfiol, Karotten, Erbsen etc.) in Olivenöl an, gießt mit etwas Suppe und eventuell etwas Schlagobers (oder ungesüßter Kondensmilch) auf und lässt alles einkochen, bis das Gemüse schön knackig ist. Abschmecken und frisch gehackte Kräuter (Basilikum, Oregano, Petersilie etc.) einrühren.
- Du röstest Paprikastreifen (eventuell auch mit Knoblauch) in Olivenöl an, rührst einige klein geschnittene Tomaten unter und würzt mit Salz, Pfeffer und Oregano. Ein paar Minuten einkochen lassen, dann abgetropfte Nudeln unterrühren und mit Parmesan bestreuen.
- Du brätst Speckwürfel in reichlich Butter oder Olivenöl an. Du gibst die abgetropften Nudeln dazu und rührst ein bis zwei miteinander verschlagene Eier ein. Durchrühren und nur so lange in der Pfanne lassen, bis die Eier zu stocken beginnen, aber noch cremig sind. Kräftig mit Salz sowie Pfeffer würzen und großzügig mit geriebenem Käse bestreuen.
- Du schneidest einige eingelegte Sardellenfilets in kleine Stückchen und röstest sie in Olivenöl, das du mit dem Öl aus der Dose vermischst, kurz an. Du rührst zerkleinerte Tomaten aus der Dose dazu, gießt mit etwas Weißwein oder Nudelkochwasser auf und lässt alles einkochen. Würzen und unter die abgetropften Nudeln mischen. Mit gehacktem Basilikum bestreuen.

Schnelle Reispfanne

ZUTATEN FÜR 1–2 PORTIONEN

1 Tasse Reis
50–100 g magerer Speck, Schinken oder Faschiertes
Gemüse nach Lust und Laune (Paprikaschoten, Champignons, Zucchini, Erbsen, Karotten)
2 Frühlingszwiebeln
Salz, Pfeffer
Gewürze und Kräuter nach Belieben (Curry, Oregano, Chili, Petersilie, Koriander)
Parmesan nach Belieben
Butter und Öl zum Anrösten

ZUBEREITUNG

■ Zunächst lässt du ein nussgroßes Stück Butter in einem kleinen Topf schmelzen, gibst den Reis zu und lässt ihn kurz andünsten.

■ Dann gießt du mit 2 Tassen Wasser auf, salzt und lässt den Reis einmal aufkochen. Du setzt den Deckel auf, reduzierst die Hitze auf ein Minimum und lässt den Reis lt. Packungsanleitung (meist 15–18 Minuten) dünsten. Währenddessen ab und an umrühren.

■ Inzwischen wäschst du das Gemüse und schneidest es ebenso wie den Speck oder Schinken in kleine Würfel. Du entfernst die äußere Schicht der Frühlingszwiebeln und schneidest sie dann in feine Ringe.

■ Dann erhitzt du in einer Pfanne etwa 2 Esslöffel Öl und lässt die Frühlingszwiebeln gemeinsam mit dem Speck hell anschwitzen. Du gibst das Gemüse zu und röstest es einige Minuten durch, bis alles bissfest gegart ist.

■ Jetzt kommt der fertig gedünstete Reis dazu. Du rührst alles gut durch und würzt deine Reispfanne, wie es dir am besten schmeckt.

■ Du richtest den Reis auf einem Teller an und streust ganz nach Belieben noch Kräuter oder Parmesan darüber.

ACH, WAS ICH DIR NOCH SAGEN WOLLTE ...

Für asiatischen **gebratenen Reis** würzt du den Reis nur mit Sojasauce und rührst zum Schluss noch 1 verschlagenes Ei darunter, das du kurz stocken lässt. Wenn du es festlich anlegen möchtest, könntest du noch ein paar Shrimps (ohne Schale) mitbraten.

Speck-Basilikum-Gnocchi

ZUTATEN FÜR 2 PORTIONEN
1 Pkg. Gnocchi · 100 g nicht zu fetter Speck, Geselchtes oder Schinken
3 EL Butter · frisch geriebener Käse (Parmesan) zum Bestreuen
frisches Basilikum (ersatzweise getrockneter Oregano) · Salz, Pfeffer

ZUBEREITUNG

■ Du setzt einen großen Topf mit gesalzenem Wasser auf, deckst ihn zu und lässt das Wasser aufkochen.

■ Dann gibst du die Gnocchi ins Wasser und lässt sie ohne Deckel nach Anleitung (meist nur wenige Minuten) kochen.

■ Inzwischen schneidest du den Speck in kleine Würfel. Du lässt in einer kleinen Pfanne die Butter langsam schmelzen, gibst dann den Speck zu und lässt ihn kurz anbraten. Abschließend streust du die zwischen den Fingern zerrissenen Basilikumblätter ein.

■ Nun seihst du die gegarten Gnocchi ab und richtest sie an. Du würzt sie mit Pfeffer und beträufelst sie mit der Speck-Basilikum-Butter. Du bestreust sie mit geriebenem Käse.

Hilfe, ich habe Hunger!

Arme Ritter

Munden, wie meine Töchter jederzeit bezeugen werden, auch armen Burgfräulein.

ZUTATEN FÜR 1 PORTION

- 2 Scheiben Toastbrot
- Powidl oder Marmelade zum Bestreichen
- 1 Ei
- ca. 150 ml Milch
- 1 KL Mehl
- Zimt
- 1/2 Pkt. Vanillezucker
- Öl zum Herausbacken
- Staubzucker oder mit Zimt vermengter Kristallzucker zum Bestreuen

ZUBEREITUNG

■ Du bestreichst eine Scheibe Toast großzügig mit Powidl und setzt die zweite Scheibe darauf.

■ Dann gießt du die Milch in einen Suppenteller und schlägst das Ei hinein (s. dazu auch S. 37). Du verrührst beides mit einer Gabel, gibst das Mehl zu und aromatisierst mit Zimt sowie Vanillezucker.

■ Du gießt in eine passende Pfanne etwa einen Finger hoch Öl ein und erhitzt es.

■ Sobald das Öl heiß ist, legst du den Toast für einige Sekunden in die Eier-Milch, wendest ihn und gibst ihn dann rasch ins heiße Öl.

■ Du bäckst den Toast goldbraun an, wendest ihn und lässt ihn auf der zweiten Seite ebenfalls braun werden. Dann hebst du den Toast mit einem Bratenwender heraus, setzt ihn auf Küchenkrepp und tupfst ihn etwas ab. Du legst ihn auf einen Teller und bestreust ihn mit Staubzucker oder mit Zimt vermengtem Kristallzucker.

Vorsicht beim Hineinbeißen! Der Arme Ritter kann sehr heiß werden.

Kaiserschmarren

Ein kaiserlicher Genuss, der relativ wenig kostet

ZUTATEN FÜR 2 PORTIONEN

- 3 Eier
- 1–2 EL Kristallzucker
- 125-150 ml Milch
- 150–180 g glattes Mehl
- Prise Salz
- 1 EL Rosinen
- 2 EL Butter zum Ausbacken
- Staub- und/oder Kristallzucker

ZUBEREITUNG

- Zuerst trennst du die Eier in Eidotter und Eiklar (siehe dazu auch S. 37) und gibst das Eiklar in eine Schüssel, die Dotter in eine andere.
- Jetzt schlägst du das Eiklar mit einer Prise Salz zu ziemlich festem Schnee.
- Nun verrührst du die Dotter gründlich mit (je nach Geschmack mehr oder weniger) Kristallzucker.
- Du gießt die Milch zu und rührst das Mehl ein. Rühr dabei mit einem Schneebesen oder Mixer gut durch, damit sich keine Mehlklümpchen bilden. Die Masse sollte jetzt nicht zu dünn-, aber auch nicht zu dickflüssig sein.
- Du hebst den Eischnee unter und rührst alles behutsam durch.
- Dann lässt du in einer nicht zu kleinen (am besten beschichteten) Pfanne die Butter bei mäßiger Hitze schmelzen. Lass dabei das Fett nicht zu heiß werden, da die Butter sonst rasch dunkelbraun wird.
- Jetzt gießt du die Masse ein, streust ein paar Rosinen darüber und bäckst die Masse bei mittlerer Hitze einige Minuten an, bis die Unterseite zart goldbraun geworden ist.
- Du wendest die Palatschinke. Sei nicht böse, wenn sie dir dabei zerreißt, du musst dein Kunstwerk ohnehin gleich selbst zerstören.
- Ja, sobald auch die Unterseite leicht angebacken ist, zerreißt du die Palatschinke mit zwei Gabeln in kleinere Stücke.
- Wenn du es gerne süß hast, so kannst du nun etwas Kristallzucker über den Schmarren streuen, durchrühren und den Zucker noch kurz karamellisieren.
- Nach einigen, wenigen Minuten sollte dein Kaiserschmarren nun fertig sein.
- Du hebst ihn heraus, richtest ihn auf Tellern an und bestreust ihn noch mit etwas Staubzucker.

DAZU PASST: Kompott oder Zwetschkenröster

Hilfe, ich habe Hunger!

Rendezvous à deux

Menüvorschläge für ein unkompliziertes, aber effektvolles Abendessen zu zweit – in zwei Varianten

Er kocht für sie

MENUE

Avocadococktail mit Shrimps
oder
Samtige Kürbiscremesuppe mit Croûtons

Curry-Fischfilet mit Zucchini-Tomaten-Gemüse und Couscous
oder
Gemüse-Wok mit Hühnerfilet und Reis

Heiße Liebe auf exotische Art

Avocadococktail mit Shrimps

Die ausgewogene Harmonie zwischen samtiger Avocado und pikanten Shrimps macht den Reiz dieses Gerichtes aus.

ZUTATEN
FÜR 2 PORTIONEN

- 2 reife Avocados (s. u.)
- 100 g eingelegte Shrimps
- 2–3 EL Crème fraîche
- Zitronensaft
- Chili- oder Tabascosauce
- Salz, Pfeffer

ZUBEREITUNG

■ Du halbierst die Avocados der Länge nach, entfernst den Kern und löst das Fruchtfleisch mit einem Löffel so heraus, dass die Schalen möglichst nicht beschädigt werden. Fruchtfleisch in eine Schüssel geben und sofort mit etwas Zitronensaft beträufeln, damit sich die Avocados nicht braun verfärben.

■ Nun zerdrückst du die Avocados mit einer Gabel zu einer cremigen Masse.

■ Du rührst Crème fraîche ein und schmeckst mit Chili- oder Tabascosauce sowie Salz und Pfeffer ab.

■ Du füllst die Avocadocreme in die ausgehöhlten Schalen (oder kleine Schüsseln) und legst die Shrimps dekorativ rundherum.

DAZU PASST: frisches Baguette oder knuspriger Toast

ACH, WAS ICH DIR NOCH SAGEN WOLLTE ...

Wenn du die Creme nicht sofort servierst, sondern im Voraus vorbereitest, lass die Shrimps vorerst weg und decke die Creme gut mit Klarsichtfolie ab, damit sie sich nicht braun verfärbt. Sollte danach dennoch das eine oder andere dunkle Pünktchen zu sehen sein, kratz es einfach weg und rühre die Creme nochmals durch. Erst jetzt mit den Shrimps garnieren und servieren.

Wie erkenne ich, ob eine Avocado richtig reif ist?

Du nimmst sie in die Hand und drückst sie sanft. Fühlt sich die Avocado hart an, so ist sie zu diesem Zeitpunkt für dieses Gericht noch nicht geeignet. (Du könntest sie dennoch kaufen und erst 2-3 Tage später verwenden.) Kannst du eine kleine Delle hineindrücken, so wird sie sich nachher auch leicht auslösen und zerdrücken lassen. Schwarze oder dunkle Flecken sollte sie allerdings nicht haben. Die könnten nämlich auch bereits das Fruchtfleisch im Inneren verfärbt haben. Unansehnlich verfärbt sich das Avocado-Fruchtfleisch auch, wenn es längere Zeit nicht abgedeckt an der Luft steht. Daher: sofort mit Zitronensaft beträufeln und mit Klarsichtfolie abdecken!

Samtige Kürbiscremesuppe mit Croûtons

Mollig, sämig und dennoch knusprig!

ZUTATEN FÜR 2 GROSSZÜGIGE PORTIONEN

**500 ml Rindsuppe (am besten selbst gemacht s. S. 147)
1 Stück (ca. 300 g) Kürbis (s. u.) · ca. 150 ml Schlagobers und 2 EL Crème fraîche · 1–2 EL Butter · 1 gehäufter EL Mehl · 1 Schuss Balsamicoessig Kürbiskernöl nach Belieben · 1 Scheibe Toastbrot · Salz, Pfeffer**

ZUBEREITUNG

■ Du schneidest die Kürbisschale weg und das Kürbisfleisch in kleine Würfel. Dann lässt du in einem Topf die Butter schmelzen, gibst die Kürbiswürfel dazu und röstest diese kurz an. Du streust das Mehl darüber, rührst kräftig durch und gießt mit Suppe auf.

■ Nun lässt du den Kürbis so lange in der Suppe kochen, bis er schön weich ist. Das dauert je nach Kürbissorte 10–30 Minuten.

■ Währenddessen schneidest du das Toastbrot in kleine Würfel und röstest diese in einer beschichteten Pfanne am besten ohne Fett goldbraun und knusprig.

■ Inzwischen ist der Kürbis weich geworden. Du pürierst ihn mit einem Stabmixer. (Wenn du keinen Stabmixer zur Verfügung hast, so drück den Kürbis durch eine Kartoffelpresse.)

■ Du gießt das Schlagobers zu, und wenn du die Suppe besonders mollig haben möchtest, auch noch die Crème fraîche, und rührst dabei kräftig um, damit sich nichts anlegt.

■ Jetzt schmeckst du mit Salz, Pfeffer und einem Schuss Balsamicoessig ab und lässt die Suppe so lange kochen, bis sie für dich die richtige Konsistenz hat. Je länger du sie (ohne Deckel) kochen lässt, desto molliger wird sie. Ist sie dir schon zu pampig, so gieß noch etwas Suppe oder Wasser dazu.

■ Du richtest die Suppe in Schalen oder Tellern an, träufelst vielleicht noch ein paar Tropfen Kürbiskernöl darüber und fährst mit einem Löffel spiralenförmig durch die Suppe. (Das macht sich optisch gut!) Die knusprigen Croûtons darüber verteilen und servieren!

ACH, WAS ICH DIR NOCH SAGEN WOLLTE ...
Statt der Croûtons könntest du auch Kürbiskerne ohne Fett (aber mit Deckel!) knusprig braten.

Rat & Tat
Die besten Ideen für Cremesuppen

Köche nennen den Mixstab auch gerne Zauberstab, da sich mit seiner Hilfe so unglaublich viel zaubern lässt. Speziell im großen Wunderreich der Suppen. Grundvoraussetzung ist neben besagtem Wunderding eine gute, kräftige Suppe (kann aber im Notfall auch aus dem goldenen Würfel kommen) und eine Gemüsesorte, die dir schmeckt. Dann kann's losgehen.

Du röstest das Gemüse mit fein gehackten Zwiebeln an, staubst etwas Mehl darüber, gießt mit Suppe auf und lässt das Gemüse weich kochen. Dann pürierst du es mit dem Zauberstab, lässt die Suppe mit etwas Schlagobers mollig einkochen und würzt es ganz nach deinem Geschmack. Als Einlage kannst du knusprig geröstete Brotwürfel, Backerbsen, Schinkenwürfel oder ein bisschen von dem jeweiligen Gemüse, das du aber nicht püriert hast, servieren. Folgende Gemüsesorten eignen sich bestens dafür:

Broccoli	**Kürbis**
Champignons	**Lauch**
Erbsen	**Sellerie**
Fenchel	**Spargel**
Gurken	**Tomaten**
Kohlsprossen	**Zucchini**
Karotten	**Zwiebeln**

Curry-Fischfilet mit Zucchini-Tomaten-Gemüse und Couscous

Eine aufregende Kombination verschiedener Geschmackskomponenten aus unterschiedlichen Kulturen, „Fusion" eben.

ZUTATEN
FÜR 2 PORTIONEN
2 Fischfilets ohne Haut und Gräten zu je ca. 150–170 g (Zander, Waller, Angler etc.)
2 TL Currypulver
3 KL Maisstärke (Maizena)
Salz, Pfeffer
1 EL Butter und
1 EL Olivenöl zum Braten

FÜR DAS GEMÜSE
1 Zucchini
4 kleine Tomaten
1–2 Knoblauchzehen
1 Prise Oregano
Salz, Pfeffer
1–2 EL Olivenöl

FÜR DAS COUSCOUS
1 Glas (250 ml) Couscous
250 ml Wasser
Salz
1 nussgroßes Stück Butter
Olivenöl

ZUBEREITUNG
■ Zunächst wäschst du das Gemüse, entfernst die Stiele und schneidest die Zucchini in Scheiben, die Tomaten in Spalten. Du schälst den Knoblauch und schneidest ihn in feine Streifen (oder du presst ihn später).

■ Du legst die Fischfilets auf ein Schneidbrett und überprüfst, ob sie auch absolut grätenfrei sind (s. dazu Lachs-Carpaccio S. 108). Dann vermischst du in einer kleinen Schüssel das Maizena mit Curry, Salz sowie Pfeffer und bestreust die Filets damit.

■ Dann lässt du für das Gemüse in einem Topf das Olivenöl heiß werden. Du gibst die Zucchini zu und brätst sie rundum goldgelb an. Du fügst die Tomaten zu, rührst durch und würzt mit Salz, Pfeffer sowie Knoblauch. Du reduzierst die Hitze und lässt das Gemüse – am besten zugedeckt – etwas köcheln.

■ Inzwischen erhitzt du in einer Pfanne das Olivenöl gemeinsam mit der Butter. Du legst die Fischfilets ein und brätst sie bei starker Hitze auf jeder Seite kurz (1–2 Minuten) an.

■ Dann reduzierst du die Hitze und brätst den Fisch noch langsam gar. Das dauert je nach Stärke des Filets noch insgesamt 3–6 Minuten.
■ Parallel dazu kochst du für das Couscous in einem anderen Topf das leicht gesalzene Wasser auf. Du gießt einen Schuss Olivenöl dazu, rührst das Couscous ein und ziehst den Topf vom Herd. Du lässt das Couscous nach Packungsanleitung (meist 5 Minuten) rasten. Dann lockerst du es mit einer Gabel auf und rührst die Butter ein.
■ Nun schmeckst du das Gemüse noch mit einer leichten Prise Oregano ab. Du legst je ein Fischfilet auf einen Teller und richtest daneben das fertige Gemüse sowie das Couscous an.

ACH, WAS ICH NOCH SAGEN WOLLTE ...

Für **Curry-Tofu-Steaks** wälzt du statt der Fischfilets zwei Tofu-Scheiben in dieser Gewürzmischung und brätst sie in heißem Fett heraus.

Rendezvous à deux

Gemüse-Wok mit Hühnerfilet und Reis

Ein Gericht mit pikanten Reizen, das nicht schwer im Magen liegt und Lust auf das Dessert macht.

ZUTATEN FÜR 2 PORTIONEN

250 g Hühnerbrust ohne Haut und Knochen · je 1/2 rote und grüne Paprikaschote · 100 g Austernpilze oder Champignons
3 Frühlingszwiebeln · 1/2 Glas eingelegte junge Maiskölbchen
junge Erbsenschoten, junge Karotten, Sojabohnensprossen, Zucchini, Chinakohl nach Lust und Geschmack · 1 EL getrocknete chinesische Pilze nach Belieben · 2 Knoblauchzehen · 1 kl. Stück (2 cm) Ingwerknolle
etwas Maisstärke oder Mehl · ca. 100 ml Suppe · 1–2 EL Sojasauce
1–2 EL chinesischer Reiswein oder trockener Sherry (wenn vorhanden)
ca. 3 EL Öl · brauner Zucker, Salz

FÜR DEN REIS
1 kleine Tasse oder 1/2 Glas Reis · Salz · 1/2 EL Butter oder Öl

ZUBEREITUNG

Mit dem Wok kochen, bedeutet vor allem Gemüse putzen und vorbereiten. Dann ist der Großteil der Arbeit bereits erledigt.

■ Also weichst du zuerst die getrockneten Pilze, so du welche hast, in wenig lauwarmem Wasser ein und lässt sie 20 Minuten stehen.

■ Du entfernst bei den Paprikaschoten die weißen Trennwände sowie die Kerne, wäschst sie und schneidest sie in mundgerechte Stücke. Du schälst die Frühlingszwiebeln und schneidest sie in feine Würfel. Die geputzten Pilze ebenso wie das restliche geputzte und gewaschene Gemüse in kleine, mundgerechte Stücke schneiden. Bei den Erbsenschoten solltest du – wenn vorhanden – die Fäden abziehen. Dazu schneidest du sie an einem Ende ab und ziehst den Faden an der Innenseite einfach ab.

■ Dann schälst du Knoblauch und Ingwer und schneidest beides in feine Würfel oder Streifen.

■ Jetzt schneidest du die Hühnerbrust in kleine Würfel. Du gibst sie in eine Schüssel, streust etwas Maisstärke oder Mehl darüber und mischst sie einige Male durch.

■ Nun bereitest du den Reis wie auf S. 106 beschrieben zu.

■ Inzwischen erhitzt du das Öl in einem Wok oder einer großen Pfanne ziemlich stark und gibst dann das Hühnerfleisch dazu. Du brätst es 2–3 Minuten rundum an, hebst es mit einem Schaumlöffel wieder heraus, gibst es in eine Schüssel und deckst es zu.

■ Jetzt kommen zunächst die fein gehackten Frühlingszwiebeln, Knoblauch sowie der Ingwer in die Pfanne. Dabei musst du vielleicht noch etwas frisches Öl zugießen. Du brätst alles bei ziemlich großer Hitze kurz an, bis die Zwiebeln schön hell und glasig sind. Dann gibst du der Reihe nach das Gemüse, das mit der längsten Garzeit zuerst, das mit der kürzesten Garzeit zuletzt, zu.

■ Du beginnst also mit den Karotten, brätst sie kurz an, gibst dann die Paprikaschoten, Erbsenschoten, Maiskölbchen, die abgetropften Pilze usw. zu und lässt alles insgesamt nicht länger als 6–8 Minuten anbraten.

■ Nun gießt du die Sojasauce, den Reisessig sowie die Suppe zu, rührst alles nochmals kräftig durch und lässt es bei großer Hitze aufkochen.

■ Dann kommt das Hühnerfleisch mitsamt dem Saft, der sich abgesetzt hat, wieder in die Pfanne. Du lässt alles noch ein, zwei Minuten durchkochen und schmeckst es abschließend mit einer Prise Zucker sowie etwas Salz ab. (Das Hühnerfleisch sollte innen noch saftig sein.)

■ Du richtest die Wok-Pfanne in kleinen chinesischen Schalen an und reichst den inzwischen gar gekochten Reis extra dazu. Wenn du dazu Ess-Stäbchen aufdeckst, wirkt es gleich noch authentischer.

ACH, WAS ICH DIR NOCH SAGEN WOLLTE ...

Sollte bei deinem Rendezvous vegetarische Kost angesagt sein, so lass das Huhn einfach weg und ersetze es durch Tofuwürfel.

Basic-Rezept
Reis (Risotto) kochen

- Du lässt etwas Öl oder Butter in einem kleinen Topf schmelzen und gibst eine kleine Tasse Reis dazu. Du lässt den Reis ganz kurz (1–2 Minuten) anrösten und gießt dann mit knapp der doppelten Menge heißem Wasser auf. Mit Salz würzen und bei relativ großer Hitze einmal aufkochen lassen. Sobald das Wasser kocht, die Hitze auf ein Minimum reduzieren, Deckel aufsetzen und je nach Sorte ca. 15–18 Minuten fertig dünsten.
- Währenddessen kannst du ab und an umrühren. Du solltest den Deckel dabei aber nicht zu lange offen lassen, da sonst zu viel Flüssigkeit verdunstet und der Reis früher trocken als gar wird. Dann kostest du den Reis. Ist er zu trocken und noch nicht fertig, so musst du noch etwas Wasser zugießen und die Garzeit verlängern. Ist er noch feucht, aber schon gar, so lass ihn noch 1–2 Minuten bei geöffnetem Deckel ziehen.
- Für **Risipisi** gibst du ziemlich zu Beginn 1 Handvoll (tiefgekühlte) Erbsen zu, für **Champignon-Reis** schwitzt du im Fett anfangs gemeinsam mit Zwiebelwürfeln auch einige geschnittene Pilze an. Aber auch durch Paprika, Schinken, feine Gewürze wie Safran oder Curry lässt sich der Reis beliebig variieren.
- Willst du **Risotto** kochen, so musst du unbedingt Rundkornreis verwenden. Du darfst die Flüssigkeit nicht auf einmal zugießen, sondern stets nur so viel, dass der Reis gerade bedeckt ist. Dann unter ständigem Rühren und Aufgießen ca. 18 Minuten kochen, bis der Reis innen noch körnig, der Risotto aber schön saftig ist.
- Wenn du absolut kein Risiko eingehen willst, so verwende „Reis im Beutel". Dieser vorportionierte Reis wird in Kunststoffbeutel verpackt und einfach in leicht gesalzenem Wasser nach Anleitung (meist ca. 15 Minuten) weich gekocht. Ist in jedem Supermarkt zu haben und eignet sich speziell als Beilage für Gerichte mit viel Sauce, bei denen es nicht so wichtig ist, dass gekochter Reis geschmacklich weniger zu bieten hat als al dente gedünsteter.
- Du kannst Reis aber auch einfach in Salzwasser bissfest kochen und danach in einem Sieb abtropfen lassen. Die Garungszeit richtet sich ganz nach der jeweiligen Sorte und liegt zwischen 10 und 18 Minuten. Anleitung auf der Packung lesen und zwischendurch kosten!

Heiße Liebe auf exotische Art

Dieses Dessert zeichnet sich durch das aparte Widerspiel zwischen heiß und kalt, süß und pikant aus.

ZUTATEN
FÜR 2 PORTIONEN

- 2 Bananen
- 150 g Erdbeeren
- 2–3 EL Butter
- 2 EL brauner Zucker
- 1–2 EL Rum
- Zitronensaft
- je 1 Prise Zimt, Gewürznelken, Garam Masala (ersatzweise Piment)
- Vanilleeis zum Garnieren
- einige Pfefferminzblätter zum Garnieren nach Belieben

ZUBEREITUNG

■ Zuerst halbierst du die Erdbeeren. Dann schälst du die Bananen, schneidest sie einmal der Länge nach durch und halbierst sie nochmals der Breite nach.

■ Dann lässt du die Butter in einer Pfanne bei mittlerer Hitze schmelzen. Sobald die Butter aufschäumt, gibst du den Zucker zu, rührst kräftig durch und gießt mit Rum sowie einem Schuss Zitronensaft auf.

■ Nun würzt du mit Zimt, Gewürznelken sowie Garam Masala, legst die Bananen ein und lässt sie etwa 2–3 Minuten dünsten, wobei du sie wiederholt wendest und mit Sauce übergießt.

■ Jetzt kommen die Erdbeeren dazu. Nochmals 2 Minuten dünsten lassen und ebenfalls wenden.

■ Du richtest zuerst die Bananen auf je einem Teller an, drapierst die Erdbeeren dazwischen und träufelst die Sauce darüber.

■ Aus dem Eis stichst du mit einem Esslöffel je ein größeres Nockerl und platzierst es etwas seitlich. Wenn du Pfefferminzblätter hast, so lege sie dekorativ dazu und serviere das Gericht rasch, bevor das Eis zu schmelzen beginnt.

Sie kocht
für ihn

MENÜ

Lachs-Carpaccio mit Selleriechips
oder
Toast Lucullus

Chicken Wings
mit Mais-Chili-Topf und Bratkartoffeln
oder
Lammkoteletts mit
Kartoffelgratin und Speckfisolen

Schokomousse-Nockerln
mit Himbeeren

Lachs-Carpaccio mit Selleriechips

Fast eine Spielart der mittlerweile so beliebten Sashimi, aber dennoch erfreulich handfest

ZUTATEN
FÜR 2 PORTIONEN

200 g topfrisches Lachsfilet
ohne Haut und Gräten (s. u.)
1/2 kleine Sellerieknolle
1 TL Wasabikrenpaste
(im guten Supermarkt und
Asia-Shop erhältlich)
Zitronensaft
Soja- oder Tabascosauce
nach Belieben
Salz, grob geschroteter Pfeffer
Öl zum Frittieren
Kresseblätter zum Bestreuen

ZUBEREITUNG

■ Zuerst überprüfst du, ob der Lachs auch garantiert keine Gräten mehr hat. Dafür streichst du mit den Fingerspitzen zart über den Fisch und zupfst allfällige Gräten mit einer Pinzette heraus.

■ Dann schneidest du ihn mit einem wirklich scharfen Messer (ohne Wellenschliff) in möglichst hauchdünne Scheiben und legst diese auf einen großen Teller. Du würzt den Lachs mit Salz sowie grob geschrotetem Pfeffer und träufelst etwas Zitronensaft darüber.

Das-Kind-geht-aus-dem-Haus-**KOCHBUCH**

Dann bestreichst du ihn mit etwas Wasabikrenpaste, deckst die Filets mit Klarsichtfolie ab und lässt sie etwa 15 Minuten kühl ziehen.

■ Inzwischen schälst du die Sellerieknolle und schneidest oder hobelst sie ebenfalls in sehr dünne Scheiben. Du gießt reichlich Öl in eine Pfanne ein und erhitzt es. Sobald das Öl so heiß ist, dass ein hineingeworfenes kleines Selleriestückchen sofort aufschäumt, legst du die Selleriescheiben ein und frittierst sie unter einmaligem Wenden kurz knusprig und braun.

■ Du hebst die Selleriechips heraus, lässt sie auf Küchenkrepp gut abtropfen und salzt sie.

■ Nun legst du die marinierten Lachsscheiben in Form einer Rosette auf je einen Teller. Du träufelst noch einige Tropfen Soja- oder Tabascosauce darüber und bestreust das Carpaccio mit Kresse. Die Selleriechips servierst du auf einem extra Teller oder in einer Schale, damit sie schön knusprig bleiben. Dazu gießt du in 2 kleine Schälchen jeweils etwas Sojasauce, in die die Selleriechips dann kurz eingetaucht werden können.

DAZU PASST: knuspriges Baguette

ACH, WAS ICH DIR NOCH SAGEN WOLLTE ...
Für dieses Gericht solltest du wirklich nur frischen Lachs vom Fischhändler verwenden. Tiefkühlprodukte sind zwar meist viel billiger, sehen aber nach dem Auftauen oftmals äußerst unansehnlich aus. Sie eignen sich dafür bestens etwa für Lachs-Kartoffel-Gröstl oder Lachsnudeln mit Oberssauce. Wenn dir die Sache zu teuer ist, so weiche auf den meist günstigeren Räucherlachs aus.

Toast Lucullus

Dieses Rezept entstammt einem Büchlein, das mir mein Vater vor mehr als 35 Jahren als erstes Kochbuch geschenkt hat, und mit diesen Toasts habe ich meinen Mann zum ersten Mal „bekocht".

ZUTATEN
FÜR 2 PORTIONEN

- 4 Scheiben Toastbrot
- 2 Scheiben Schinken
- 4 Scheiben Käse
- 2 Scheiben Speck
- 3–4 Tomaten
- Senf (Estragon- oder Dijonsenf, aber kein süßer)
- Tomatenmark
- 1–2 eingelegte Sardellen
- ca. 6 entkernte Oliven und einige Kapern
- frisch gehacktes Basilikum oder getrockneter Oregano
- Salz
- Olivenöl

ZUBEREITUNG

■ Zu allererst heizt du das Backrohr auf große Oberhitze (200 °C) vor.

■ Du lässt die Sardellen abtropfen und schneidest sie ebenso wie die Kapern fein. Die Oliven halbierst du, den Speck schneidest du der Länge nach jeweils in 2 Streifen, die Tomaten in Scheiben.

■ Dann bestreichst du 2 Scheiben Toastbrot mit Senf und 2 mit Tomatenmark.

■ Auf die Senf-Toasts legst du nun je 1 Scheibe Schinken und einige Tomatenscheiben. Du würzt mit Salz und bedeckst die Tomaten mit je 1 Scheibe Käse. Die Speckstreifen legst du quer darüber.

■ Die Tomatenmark-Toasts belegst du mit Tomatenscheiben. Du schneidest den restlichen Käse in schmale Streifen und legst diese in Form eines Gitters über die Tomaten. In die Zwischenräume füllst du abwechselnd Oliven, Kapern und Sardellen. Du träufelst etwas Olivenöl darüber.

■ Nun setzt du die Toasts auf ein mit Backpapier belegtes (oder mit Fett bestrichenes) Backblech und überbäckst sie ca. 8–10 Minuten, bis der Käse schön geschmolzen ist. Dann richtest du die Toasts an und streust das frisch gehackte Basilikum darüber.

ACH, WAS ICH DIR NOCH SAGEN WOLLTE ...

Diese Toasts eignen sich übrigens hervorragend für Partys. Da kannst du gleich ein ganzes Blech vorbereiten und später ins Rohr schieben. Beim Belegen der Toasts sind der Fantasie keine Grenzen gesetzt. Von Mozzarella, Gorgonzola über nicht zu flüssiges Sugo Bolognese bis hin zu Ananasscheiben und Rohschinken ist da fast alles möglich.

Rendezvous à deux

Chicken Wings mit Mais-Chili-Topf und Bratkartoffeln

Ein feuriges Gericht, bei dessen Zubereitung du allerdings völlig cool bleiben kannst.

ZUTATEN FÜR 2 PORTIONEN
12 Hühnerflügerln · Öl für die Form · Dip-Sauce (Curry- oder Chilisauce) zum Tunken

FÜR DIE MARINADE
2 EL Hot Ketchup oder dickflüssige Chilisauce · 2 Knoblauchzehen 1–2 KL Honig · nach Belieben 1 kl. Stück (1–2 cm) frisch geriebener Ingwer, Wasabikrenpaste, Chilipulver, Balsamicoessig und/oder Sojasauce je 1 kräftige Prise Salz und Pfeffer

FÜR DEN MAIS-TOPF
1 Pkt. aufgetaute tiefgekühlte Maiskörner (oder aus der Dose) 6 Cocktailtomaten · 50 g Speckwürfel · 1 kl. Chilischote oder Chilipulver 3–4 EL Suppe oder Wasser zum Aufgießen · 1 Schuss Gin nach Belieben Salz, Pfeffer · 2 EL Olivenöl

FÜR DIE BRATKARTOFFELN
300 g speckige Kartoffeln · Öl zum Braten · Salz

ZUBEREITUNG

■ Bereits 1–2 Stunden vor deiner Einladung schälst du für die Marinade die Knoblauchzehen, presst oder schneidest sie und verrührst alle Zutaten je nach gewünschter Schärfe und Intensität zu einer – nicht zu milden! – Marinade. Du vermengst die Hühnerflügerln in einer Schüssel mit der Marinade und lässt sie ziehen. Währenddessen ab und an wenden.

■ Dann heizt du das Backrohr auf 180–200 °C vor. Du streichst eine passende Form mit Öl aus, legst die marinierten Flügerln zuerst mit der Außenseite nach unten ein, träufelst die restliche Marinade darüber und lässt sie 20 Minuten braten.

■ Währenddessen schälst du die Kartoffeln, gibst sie in einen Topf mit Salzwasser und lässt sie – nach dem Aufkochen des Wassers – etwa 15 Minuten kochen.

■ Nun wendest du die Flügerln und lässt sie weitere 25 Minuten braten. Dabei kannst du sie zwischendurch einmal mit Marinade aus der Form bestreichen.

■ Du gießt die inzwischen gekochten Kartoffeln ab und lässt sie in einem Sieb abtropfen.

■ Dann halbierst du die Chilischote, streichst die Kerne heraus und schneidest die Schote in feine Ringlein. Du lässt sie in einem kleinen Topf gemeinsam mit den Speckwürfeln in heißem Olivenöl langsam anschwitzen. Du gibst den aufgetauten (oder abgetropften) Mais dazu und gießt mit wenig Suppe oder Wasser auf.

■ Du halbierst die Cocktailtomaten, gibst sie zu und würzt alles kräftig mit Salz und Pfeffer. Du setzt den Deckel auf und lässt das Gemüse bei mittlerer Hitze etwas einkochen.

■ Jetzt erhitzt du für die Bratkartoffeln in einer anderen Pfanne einen knappen Finger hoch Öl, legst die Kartoffeln ein (Achtung, wenn sie noch etwas nass sind, spritzt es ein wenig!) und brätst sie unter wiederholtem Wenden rundum goldbraun.

■ Zwischendurch gießt du nach Lust und Laune einen mehr oder weniger kräftigen Schuss Gin in den Maistopf und lässt ihn – diesmal ohne Deckel – noch etwas aufkochen. Du schmeckst nochmals mit Salz und Pfeffer ab.

■ Nun richtest du die Chicken Wings auf je einem Teller an. Du legst die Bratkartoffeln mit einem Schaumlöffel auf etwas Küchenkrepp, tupfst sie ab und richtest sie ebenfalls auf dem Teller an. Dabei salzt du sie noch etwas. Den Mais füllst du in je eine kleine Schale und servierst ihn ebenso wie die Dip-Sauce extra dazu.

ACH, WAS ICH NOCH SAGEN WOLLTE ...

Um das Flair eines Luxus-Restaurants auch in deine Wohnung zu bringen, kannst du zum Händewaschen bei Tisch zwei Fingerbowlen vorbereiten. Dafür füllst du in zwei Salatschüsseln jeweils etwas lauwarmes Wasser, träufelst ein wenig Zitronensaft hinein und lässt vielleicht noch eine Blüte oder Blütenblätter darin schwimmen. So könnt ihr die Chicken Wings bedenkenlos auch mit den Fingern essen.

Basic-Rezept
Kleine Bratenkunde

Ein knuspriges Brathendl, ein saftiger Schweinsbraten – das sind Klassiker, die allerdings bereits einiges an Erfahrung erfordern. Damit du bei Bedarf allerdings nicht gänzlich überfordert bist, in aller Kürze einige wichtige Tipps.

- Brathuhn: gut waschen, trockentupfen, aus Salz, Pfeffer, Paprikapulver (oder Rosmarin) und Öl eine Marinade anrühren. Huhn damit bestreichen, mit der Brustseite nach unten einlegen und insgesamt 60–75 Minuten bei 180–200 °C braten. Dabei einmal wenden, oft mit Bratensaft bestreichen und mehrmals Suppe oder Wasser zugießen. Das Huhn ist gar, wenn beim Anstechen mit einem Spießchen nur mehr klarer Saft (kein Blut) ausfließt.

- Gebratene Ente: wie Huhn vorbereiten, mit Salz, Pfeffer und Majoran würzen, mit Nelken gespickten Apfel in den Bauch stecken und wie Brathuhn 1 1/2–2 Stunden braten. Bei fetten Enten die Brust mit einer Gabel mehrmals anstechen, damit das Fett ausfließen kann.

- Schweinsbraten: Fleisch mit Salz, Pfeffer, zerdrücktem Knoblauch und Kümmel würzen, evt. vorhandene Fettschicht mit einem scharfen Messer rillenartig einschneiden. Im heißen Backrohr zuerst bei 220 °C 15 Minuten, dann bei 170–180 °C pro Kilo ca. 1 Stunde braten, bis der Braten außen knusprig und innen gar ist (Braten und Probe s. Brathuhn). Am saftigsten wird Schweinsbraten bei 150 °C, das dauert aber entsprechend länger (2 kg ca. 3–4 Stunden).

- Braten ohne Kruste (Schweins- und Kalbsbraten) kannst du aber auch einfach in eine Bratfolie (im Supermarkt erhältlich) einpacken und laut Anleitung braten. In diesem Fall ersparst du dir jedes Aufgießen und der Braten schmeckt trotzdem wirklich gut.

Lammkoteletts mit Kartoffelgratin und Speckfisolen

Dieses französische Gericht vereint alles, was so richtig schmeckt: zartes Fleisch, knuspriges Gratin und knackiges Gemüse.

ZUTATEN
FÜR 2 PORTIONEN

- 6–8 kleine Lammkoteletts mit Knochen
- einige Zweiglein frischer Rosmarin, Thymian oder Oregano
- Salz, Pfeffer, getrockneter Oregano oder Thymian
- 1 EL Butter
- Olivenöl

FÜR DIE SPECKFISOLEN

- 150–200 g Fisolen
- 2 oder 4 Scheiben Frühstücksspeck
- Salz
- Olivenöl

FÜR DAS KARTOFFELGRATIN

- 300 g speckige Kartoffeln
- ca. 150–200 ml Milch
- 1 Schuss Schlag- oder Kaffeeobers
- 1 Eidotter (muss nicht sein)
- 2 EL geriebener Käse
- 1 EL Semmelbrösel
- Salz, Pfeffer, Muskatnuss
- Öl oder Butter für die Form

ZUBEREITUNG

■ Du wäschst die Lammkoteletts unter fließendem kalten Wasser, tupfst sie mit Küchenkrepp trocken und würzt sie kräftig mit Salz, Pfeffer sowie getrocknetem Thymian oder Oregano. Dann beträufelst du sie mit Olivenöl, legst den Rosmarinzweig dazu und lässt sie mit Klarsichtfolie abgedeckt etwa 30 Minuten marinieren. Währenddessen wendest du sie einmal.

■ Inzwischen schneidest du bei den Fisolen die Enden ab und wäschst sie.

■ Für das Gratin schälst du zuerst die Kartoffeln, wäschst sie gut und schneidest sie in etwa 2–3 mm dünne Scheiben.

■ Du gießt die Milch gemeinsam mit einem Schuss Obers in einen passenden Topf und würzt mit einer ziemlich kräftigen Prise Salz, etwas Pfeffer sowie ein wenig Muskatnuss. Du gibst die Kartoffeln zu, lässt sie einmal aufkochen und dann bei kleiner Hitze noch etwa 7–8 Minuten köcheln. Währenddessen musst du ständig rühren, denn die Kartoffeln legen sich schnell an!

■ Währenddessen heizt du das Backrohr auf 180 °C vor.

■ Nun nimmst du die Kartoffeln vom Feuer

Rendezvous à deux

und rührst das Eidotter ein (muss aber nicht sein, schmeckt nur besser). Sollten die Kartoffeln zu trocken aussehen, so gib noch etwas Milch oder Obers dazu. Jetzt kannst du nochmals mit Salz abschmecken. Du streichst eine kleine feuerfeste Form mit Butter oder Öl aus und füllst das Gratin ein. Die Kartoffeln gut mit geriebenem Käse sowie etwas Semmelbröseln bestreuen und im Backrohr noch ca. 15 Minuten goldgelb überbacken.

■ Inzwischen bringst du in einem Topf etwas Salzwasser zum Kochen, gibst die Fisolen in das kochende Wasser und lässt sie darin ca. 5–7 Minuten bissfest kochen.

■ Parallel dazu gießt du wenig Öl in eine Pfanne und erhitzt es wirklich gut. Dann legst du die marinierten Lammkoteletts ein und lässt sie bei großer Hitze auf jeder Seite ganz kurz (1–2 Minuten) anbraten. Wieder herausheben und auf einen Teller legen. Die Butter in der Pfanne schmelzen lassen, die Kräuterzweiglein einlegen und die Lammkoteletts darauflegen. Jetzt die Hitze auf ein Minimum reduzieren und die Koteletts halb zugedeckt noch 5–8 Minuten (je nach gewünschtem Garungsgrad) ziehen lassen. Die Koteletts sollten innen noch schön rosa und zart sein. Dafür kannst du sie auch schon nach 5 Minuten herausheben, in Alufolie wickeln und noch rasten lassen.

■ Inzwischen sollten die Fisolen auch schon fertig gekocht sein. Du gießt das Wasser ab und lässt die Fisolen abtropfen. Du teilst sie in 2 oder 4 kleinere Päckchen und umwickelst diese mit Speck. Du erhitzt in einer kleinen Pfanne etwa einen Esslöffel Olivenöl, legst die Fisolenpäckchen hinein und brätst sie bei nicht allzu großer Hitze rundum an.

■ Jetzt richtest du die Lammkoteletts auf Tellern an. Du legst die Speckfisolen daneben und träufelst den Saft aus der Pfanne über die Koteletts. Das goldgelbe Gratin servierst du am besten direkt in der Form und portionierst es erst direkt bei Tisch.

DAZU PASST: ein Glas guter Rotwein

Bild Seite 114/115

ACH, WAS ICH DIR NOCH SAGEN WOLLTE ...

Wenn dir die Päckchenwicklerei zu mühsam ist, so brate einfach kleine Speckwürfelchen an, gib 2–3 klein geschnittene Cocktailtomaten dazu und mische dann die gekochten Fisolen unter. Die Lammkoteletts schmecken noch aromatischer, wenn du eine oder zwei Knoblauchzehen mitbrätst. Aber Knoblauch-Atem ist nicht in jeder Situation erwünscht ...

Rat & Tat
Welche Kartoffel wofür?

Püree ist gut, aber nicht, wenn du eigentlich Petersilkartoffeln kochen wolltest. Also gilt es beim Einkaufen die richtige Wahl zu treffen, welche Kartoffeln wofür geeignet sind. Im Wesentlichen unterscheidet man zwischen **speckigen** (manchmal auch **festkochend** genannt) und **mehligen** Kartoffeln. Die entsprechende Sorte sollte auf jedem Kartoffelsack ausgewiesen sein, wo meist sogar auch die mögliche Verwendung aufgelistet ist. Aus speckigen Kartoffeln kannst du Kartoffelsalat und alle Beilagen-Kartoffel-Varianten wie Salz-, Petersil- oder Bratkartoffeln zubereiten. Die mehlige Spielart eignet sich für Püree oder Kartoffelteig. So weit, so einfach. Schwierig wird es nur, wenn du etwa für Salzkartoffeln einen Sack „vorwiegend festkochende" Kartoffeln kaufst und erst beim Kochen (s. dazu auch S. 130) bemerkst, dass sich da die ein oder andere mehlige Knolle dazugeschwindelt hat, die dann auch prompt zerfällt. Locker bleiben. Zerdrücke die anderen Kartoffeln mit einer Gabel, mische noch etwas Butter darunter, streu Petersilie oder Schnittlauch darüber und serviere das Ganze als Petersil-Kartoffel-Schmarren. Schmeckt lecker!

Rendezvous à deux

Schokomousse-Nockerln mit Himbeeren

Die einfachste Schokomousse der Welt – und auch noch ein paar gesunde Vitamine dazu.

ZUTATEN
FÜR 2 PORTIONEN

150 g gute (!) Zartbitterschokolade
3 Eier
1 Handvoll Himbeeren ohne Stiele
etwas gehobelte weiße Schokolade

ZUBEREITUNG

■ Zuerst schlägst du jedes Ei einzeln auf und trennst es in Eiweiß und Dotter (siehe dazu auch S. 141). Dann gibst du das Eiweiß in eine Schüssel und schlägst es mit einem Mixer mit Rührstäben steif.

■ Nun bringst du die Schokolade zum Schmelzen, indem du sie in Stücke brichst und in einem kleinen Topf bei minimalster Hitze oder am besten in einem Wasserbad (siehe dazu S. 140) erhitzt.

■ Sobald die Schokolade dickflüssig ist, vom Feuer nehmen und ca. 1–2 Minuten überkühlen lassen. (Die Schokolade darf aber dabei nicht fest werden!).

■ Jetzt rührst du mit dem Schneebesen (nicht Mixer!) ein Dotter nach dem anderen vorsichtig in die Schokolade ein. Rühr einfach immer weiter, auch wenn die Schokolade zwischendurch ein bisschen körnig aussieht.

■ Dann vermengst du die Schokocreme mit dem Schnee und rührst behutsam, aber beständig weiter. Dabei fällt der Schnee zusammen und alles wird zur cremigen Mousse.

■ Du füllst die Mousse in eine Frischhaltedose mit Deckel (oder Schale mit Klarsichtfolie) und stellst sie 2–3 Stunden kalt.

■ Dann stichst du mit einem Löffel Nockerln aus, richtest sie auf je einem Teller an und streust grob gehobelte weiße Schokolade darüber. Dazwischen platzierst du einige Himbeeren.

Partytime

Fingerfood, Pikantes und Süßes für flotte Partys
Vom Bierlipperl über Spinatpastete
bis zu Kirschtrüffeln

Bierlipperl

Dieses ebenso einfache wie pikante Rezept hat mich vor dreißig Jahren bereits durch meine Studentenzeit gebracht und bis heute eigentlich nichts an Anziehungskraft verloren.

ZUTATEN
**Vollkornweckerl
scharfer Liptauer
pro Weckerl 1 Scheibe
Frühstücksspeck**

ZUBEREITUNG
- Du heizt das Backrohr auf maximale Oberhitze (oder Grillschlange) vor.
- Dann schneidest du den Speck in Streifen und alle Weckerl der Quere nach auf.
- Du bestreichst alle Weckerlhälften großzügig mit Liptauer, streust den Speck darüber und setzt sie auf ein mit Backpapier ausgelegtes Blech.
- Jetzt überbäckst du die Bierlipperl ca. 10 Minuten, bis der Speck wunderbar knusprig und der Liptauer leicht geschmolzen ist.

Pikante Blätterteig-Schnecken auf zweierlei Art

VARIANTE I:
MIT OLIVEN-SCHAFKÄSE-FÜLLE

ZUTATEN

1 Pkg. fertiger Blätterteig
1 Pkg. Feta (eingelegter griechischer Schafkäse)
1 kleines Glas Olivenpesto (oder mit etwas Olivenöl vermengte, fein gehackte Oliven)
4 EL gehackte Kräuter (Basilikum, Oregano)
1 Ei zum Bestreichen
Öl oder Backpapier für das Backblech
Mehl für die Arbeitsfläche

ZUBEREITUNG

■ Falls du tiefgekühlten Blätterteig verwendest, lasse ihn bei Zimmertemperatur einige Stunden auftauen.

■ Dann heizt du das Backrohr auf 180 °C vor und bestreichst das Backblech mit Öl bzw. legst es mit Backpapier aus.

■ Du bestreust die Arbeitsfläche mit etwas Mehl und legst den Teig auf.

■ Schafkäse aus der Packung nehmen, gut abtropfen lassen und in kleine Würfel schneiden oder zwischen den Fingern zerbröseln.

■ Nun bestreichst du den Teig mit dem Olivenpesto und streust den Schafkäse sowie die gehackten Kräuter darüber.

■ Jetzt rollst du den Teig wie eine Biskuitroulade sehr straff (!) zusammen und schneidest mit einem scharfen Messer (ohne Wellenschliff) etwa daumendicke Scheiben ab. Du legst die Scheiben auf das Backblech und bringst dabei die Schnecken in Form, indem du sie noch etwas zurechtrückst und -drückst.

■ Du schlägst das Ei in eine Tasse, verrührst es etwas und bestreichst die Schnecken damit. Im heißen Backrohr 15–20 Minuten goldgelb backen. Herausnehmen, kurz überkühlen lassen und auf hübschen Tellern anrichten.

VARIANTE II:
MIT SPECK-EMMENTALER-FÜLLE

ZUTATEN

1 Pkg. fertiger Blätterteig
150 g dünn geschnittener Frühstücksspeck
150 g geriebener Emmentaler (oder anderer Reibkäse)
4 EL gehackte Kräuter (Petersilie, Schnittlauch) und/oder Paprikapulver
1 Ei zum Bestreichen
Salz, Pfeffer
Öl oder Backpapier für das Backblech
Mehl für die Arbeitsfläche

ZUBEREITUNG

■ Du bereitest den Teig, das Backblech und das Backrohr wie in Variante I beschrieben vor.

■ Statt mit Olivenpesto und Schafkäse belegst du den Teig mit den Speckscheiben und streust den geriebenen Käse sowie die gehackten Kräuter darüber. Du würzt recht kräftig mit Salz, Pfeffer und nach Geschmack auch mit Paprikapulver und rollst den Blätterteig zu einer straffen Rolle ein.

■ Du schneidest davon Scheiben ab, bestreichst sie mit Ei und dann bäckst sie wie beschrieben goldgelb.

Party-Pizza

Ob Althistoriker und Philosophen oder Biologen und Juristen – auf den Partys meiner Töchter lässt sich jeder gerne zu einem Stückchen italienischer Lebensfreude verführen.

ZUTATEN FÜR 1 BACKBLECH

FÜR DEN TEIG (S. U.)

1 knappes kg glattes Mehl (ca. 900 g)
18 g Trockengerm
je 1 Prise Zucker und Salz
450–550 ml lauwarmes Wasser
Mehl für die Arbeitsfläche

FÜR DEN BELAG

Prosciutto, Schinken, Salami, Maiskörner oder -kölbchen, Champignons, Oliven, eingelegte Artischocken, Thunfisch, Sardellen, Paprika, Zwiebeln, Gorgonzola, Eierscheiben etc. – alles nach Lust und Laune
1 kleine Dose Pizzasauce oder passierte Tomaten
1–2 Kugeln Mozzarella und/oder geriebener Pizzakäse
5 Knoblauchzehen
4 EL Olivenöl
Salz
Oregano

ZUBEREITUNG

■ Du gibst das Mehl in eine große Schüssel, streust Salz, Zucker und Trockengerm darüber und gießt das lauwarme Wasser vorsichtig zu. Du mischst alles durch und knetest den Teig mit den Händen – am besten auf der leicht bemehlten Arbeitsfläche – zu einem geschmeidigen Teig. (zu trockenen Teig mit etwas Wasser, zu feuchten Teig mit ein wenig Mehl verarbeiten.)

■ Dann deckst du die Schüssel mit einem sauberen Küchentuch ab, stellst sie an einen warmen, nicht zugigen Ort und lässt den Teig 1 Stunde gehen.

■ Du knetest den Teig dann nochmals durch und rollst ihn auf der bemehlten Arbeitsfläche mit einem Nudelwalker (etwas größer als das Backblech) aus.

■ Das Backrohr auf 200 °C vorheizen.
Du schälst den Knoblauch, presst ihn und vermengst ihn mit Olivenöl und etwas Salz in einer kleinen Schüssel. Du belegst das Backblech mit Backpapier, platzierst den Teig darauf und ziehst den Rand zwischen den Fingern rundum wulstartig hoch.

■ Du bestreichst den Rand mit dem Knoblauch-Öl, trägst die Tomatensauce dünn auf und belegst die Pizza, so wie du möchtest. Zum Schluss streust du etwas Oregano sowie würfelig geschnittenen Mozzarella und/oder geriebenen Käse darüber.

■ Jetzt schiebst du die Pizza ins heiße Rohr und bäckst sie 20–30 Minuten, bis der Rand goldbraun und der Käse geschmolzen ist. In Stücke schneiden und servieren.

ACH, WAS ICH DIR NOCH SAGEN WOLLTE ...
Wenn du es mit dem Teigkneten nicht ganz so hast, so kauf einfach Fertig-Pizzateig und beleg diesen dann ganz nach deinem Geschmack!

Rat & Tat
Die 10 besten Tipps vor der Party

Eier
Kohlrabi
Milch
Butter
Porree
Mehl
Sekt
Faschiertes

• Achte darauf, dass du mindestens 1 Tag vor deiner Fete keine wichtigen Termine, sondern genug Zeit für die Vorbereitung hast.
• Lade nur so viele Freunde ein, wie du im Stande bist auch ordentlich zu versorgen.
• Bitte deine Freunde, Getränke und Knabbereien mitzunehmen. Ist für jeden einzelnen kein Aufwand und für dich eine große Erleichterung.
• Besorge ausreichend Servietten, Partyteller, -besteck und -becher, die du einfach wegwerfen kannst.
• Such dir Gerichte aus, die du lange vorher vorbereiten kannst. Frisch zubereitete À-la-minute-Gerichte sind bei einer Party fehl am Platz!
• Bei der Auswahl der Speisen achte darauf, dass man sie auch gut im Stehen, am Boden oder wo auch immer essen kann. Saftfleisch mit Kartoffelpüree würde ich ausfallen lassen.
• Vergiss nicht, dass unter deinen Gästen Vegetarier oder Veganer sein können.
• Stell dir eine genaue Einkaufsliste zusammen, die du am besten bereits am Vortag erledigst.
• Kühle die Getränke rechtzeitig ein. Das kann übrigens auch im Waschbecken oder in der Badewanne sein, die du mit kaltem Wasser füllst.
• Mach dir eine Art Drehbuch, in dem du festhältst, was du wann erledigen musst, damit du eine halbe Stunde vor dem Eintreffen der ersten Gäste fertig sein könntest.

Indische Fleischbällchen

Dieses Rezept verdanke ich den ehemaligen Schulkolleginnen meiner jüngeren Tochter, die sehr gerne und gut Gerichte aus ihrer fernen Heimat gekocht haben.

ZUTATEN FÜR 20–30 BÄLLCHEN

- 500 g Faschiertes
- 250 g mehlige Kartoffeln
- 2 große Zwiebeln
- 1 kleines Stück (3 cm) Ingwerwurzel
- 1 Chilischote
- 1 TL Garam Masala
- 1/2 TL Safranfäden
- 1 Prise Muskatnuss
- Salz
- 2 Eier, Semmelbrösel und Mehl zum Panieren
- Pflanzenöl zum Herausbacken

ZUBEREITUNG

■ Du gibst die ungeschälten Kartoffeln in einen Topf, füllst ihn mit Wasser auf und kochst die Kartoffeln je nach Größe ca. 15–20 Minuten wirklich weich.

■ Inzwischen hast du Zeit, die Safranfäden in einer kleinen Schale in wenig Wasser einzuweichen. Dann halbierst du die Chilischote der Länge nach, streifst die Kerne mit einem Messer heraus und schneidest die Schote in möglichst feine Würfelchen. Danach unbedingt Hände waschen! Solltest du dir nämlich aus Versehen die Augen reiben, merkst du, wie höllisch scharf Chilis sein können.

■ Die Zwiebeln schälen und in feine Würfel schneiden. Den Ingwer mit einem scharfen Messer schälen und in sehr feine Streifen schneiden oder reiben.

■ Jetzt erhitzt du etwa 3 Esslöffel Öl in einer größeren Pfanne und schwitzt die Zwiebeln so lange an, bis sie schön glasig aussehen. Du gibst das Faschierte dazu und rührst kräftig um, damit es sich nicht zu grob verklumpt. Ingwer, Safranfäden und Chili unterrühren und alles einige Minuten so richtig schön durchkochen lassen.

■ Nun mit Garam Masala, Muskatnuss sowie Salz würzen und vom Herd nehmen.

■ Mittlerweile müssten die Kartoffeln auch schon weich gekocht sein. Du gießt das Wasser ab und lässt die Kartoffeln unter fließendem Wasser so lange abkühlen, bis du sie schälen kannst, ohne dir die Finger zu verbrennen. Die Kartoffeln in eine Schüssel geben und mit einer Gabel zerdrücken.

🟩 Du vermengst nun das Faschierte mit den Kartoffeln und kostest nochmals, ob es auch würzig genug schmeckt. Aus der Masse kleine walnussgroße Bällchen formen und auf ein Schneidbrett legen.

🟩 Jeweils etwas Mehl und Semmelbrösel auf je einen Teller geben, die Eier mit einem Messer aufschlagen und auf einem dritten Teller einige Male mit einer Gabel kräftig durchrühren. Jedes Bällchen zuerst in Mehl, dann in versprudeltem Ei und zum Schluss in Semmelbröseln wälzen. Wieder auf das Schneidbrett geben.

🟩 In einer großen Pfanne etwa fingerhoch Öl eingießen und erhitzen. Die Bällchen einlegen und rundum knusprig backen. Dabei immer wieder wenden. Dann hebst du die Bällchen wieder heraus und lässt sie auf einer mit Küchenkrepp belegten großen Vorlegeplatte gut abtropfen. Besonders nett sieht es aus, wenn du die Bällchen dann auf einem Teller pyramidenförmig anrichtest.

DAZU PASST: mit Garam Masala, reichlich Chili und Salz verrührtes Joghurt, scharfe Curry- oder Chilisauce oder indischer Gurkensalat (s. S.133)

ACH, WAS ICH DIR NOCH SAGEN WOLLTE ...
Da die Vorbereitung für eine Party immer stressig ist, kannst du die Bällchen ruhig im Voraus zubereiten. Die Bällchen schmecken auch lauwarm oder kalt ganz vorzüglich, geben aber auch eine delikate Hauptspeise ab.

Basic-Rezept
Kartoffeln kochen

- Du kannst Kartoffeln vor oder nach dem Kochen schälen. Schälst du sie nach dem Kochen, so musst du sie kurz überkühlen lassen, bevor du die Haut mit einem kleinen, scharfen Messer einfach abziehst. Diese Methode ist sparsamer und vor allem dann ratsam, wenn du die Kartoffeln etwa zu Kartoffelteig, Rösti etc. noch weiterverarbeiten willst. Für ungeübte Hände allerdings manchmal etwas schwierig (zu weich gekochte Kartoffeln fallen leicht auseinander).
- Schälst du die Kartoffeln vor dem Kochen, so solltest du ein Schälmesser (Sparschäler) verwenden, damit nicht zu viel von der Kartoffel verloren geht.
- Du wäscht pro Portion etwa 150–200 g Kartoffeln (Sorten s. S. 119), schälst sie und gibst sie in einen Topf mit reichlich heißem Wasser. Mit einer kräftigen Prise Salz würzen und alles bei großer Hitze aufkochen lassen. Sobald das Wasser kocht, die Hitze reduzieren und die Kartoffeln leicht sprudelnd, zugedeckt etwa ca. 15 Minuten (je nach Größe kürzer oder länger) weich kochen.
- Du erkennst, ob die Kartoffeln schon weich sind oder nicht, indem du eine Kartoffel mit einer Gabel anstichst. Geht das leicht und die Kartoffel leistet keinen starken Widerstand mehr, so ist sie weich gekocht.
- Dann die Kartoffeln vom Herd nehmen und beliebig weiterverarbeiten.
- **Salzkartoffeln:** speckige (festkochende) Kartoffeln wie beschrieben in Salzwasser weich kochen
- **Petersilkartoffeln:** gekochte speckige Kartoffeln in heißer Butter schwenken und mit gehackter Petersilie bestreuen
- **Bratkartoffeln:** gekochte speckige Kartoffeln auskühlen lassen, halbieren oder vierteln und in heißem Öl oder Butterschmalz rundum knusprig braten
- **Kartoffelpüree:** Dafür kochst du mehlige Kartoffeln weich, lässt sie kurz ausdampfen und zerdrückst sie in einer Kartoffelpresse. Mit heißer Milch, 2–3 Esslöffeln Butter, Salz und Muskatnuss abrunden. Geheimtipp: alles einfach mit dem Stabmixer mixen. Das ist unter Profiköchen schwer verpönt, da das Püree nicht locker wird, schmeckt aber trotzdem nicht schlecht und geht viel schneller.

- **Pommes frites:** Du schälst speckige Kartoffeln, schneidest sie zuerst in Scheiben und dann in Streifen. Du erhitzt in einer Pfanne reichlich Pflanzenöl und lässt die Pommes darin bei starker Hitze rundum knusprig werden. Dabei solltest du nicht zu viele auf einmal einlegen, da das Fett sonst zu stark abkühlt. Pommes herausheben, auf Küchenkrepp abtropfen lassen und salzen. Du wirst sehen: schmeckt super! (Viel, viel besser als die tiefgekühlten Pommes, die oft nur aus angerührtem Kartoffelpulver gemacht werden!) Sehr gut ist auch die belgische Methode, bei der die Pommes zunächst in heißem Öl gegart und, bevor sie goldgelb werden, herausgenommen werden. Dann wird das Öl erneut erhitzt, die Pommes werden wieder zugegeben und knusprig ausgebacken.

Spinatpastete

ZUTATEN FÜR 1 MITTELGROSSE HOHE KUCHEN- ODER BRATENFORM
2 Pkg. fertiger Blätterteig · 1 große Packung (400 g) tiefgekühlter
Blattspinat · 2 Pkt. Feta (eingelegter griechischer Schafkäse)
1 Zwiebel · 1 Ei für die Masse · 1 Ei zum Bestreichen
3–4 Knoblauchzehen · Salz, Pfeffer, Muskatnuss · Öl oder Butter
evt. Backpapier für das Backblech · Mehl für die Arbeitsfläche

ZUBEREITUNG

■ Du lässt den Blattspinat und, so du ein Tiefkühlprodukt verwendest, auch den Blätterteig bei Zimmertemperatur einige Stunden lang auftauen.

■ Währenddessen kannst du bereits die Zwiebel sowie die Knoblauchzehen schälen und in feine Würfel schneiden. Den Feta aus der Verpackung nehmen, abtropfen lassen und ebenfalls in Würfel schneiden. Das Backrohr auf 180–200 °C vorheizen.

■ Nun erhitzt du etwa 2 Esslöffel Öl oder Butter in einem Topf und schwitzt die Zwiebeln so lange an, bis sie schön glasig sind. Du gibst den Knoblauch zu, rührst einmal durch und mengst dann den aufgetauten Spinat unter. Noch kurz andünsten lassen und mit Salz, Pfeffer und einer kräftigen Prise Muskatnuss würzen. Vom Feuer nehmen und den Schafkäse sowie ein Ei einrühren.

■ Jetzt streichst du eine passende Form mit flüssiger Butter bzw. Öl aus oder kleidest sie mit Backpapier aus. Dann legst du die erste Platte Blätterteig so ein, dass der Boden und die Seitenwände bedeckt sind. Dafür musst du den Teig auf einer bemehlten Arbeitsfläche vermutlich auf die richtige Größe ausrollen. Sollte der Teig dabei reißen, so drücke ihn in der Form einfach mit den Fingern wieder zusammen. Die Spinatmasse einfüllen, die zweite Teigplatte darauflegen und die Verschlusskanten zwischen den Fingern zu einer dekorativen Wulst formen. Die Teigränder müssen also rundum gut verschlossen sein.

■ Ein Ei in einer Tasse verrühren und den Teig damit gut bestreichen. Im heißen Backrohr ca. 20–25 Minuten backen, bis die Pastete schön goldbraun ist.

■ Dann nimmst du die Pastete wieder heraus, lässt sie einige Minuten überkühlen und servierst sie am besten direkt in der Form. Erst bei Tisch schneidest du sie in Stücke.

ACH, WAS ICH DIR NOCH SAGEN WOLLTE ...

Diese Pastete kannst du ohne Probleme auch im Voraus zubereiten. Du kannst sie dann entweder langsam (ca. 20–30 Minuten) bei ca. 100–120 °C nochmals erwärmen oder gleich kalt servieren. Schmecken wird beides!

Indischer Gurkensalat (Raita)

Meist zum Statisten in der indischen Küche degradiert, schmeckt dieser Vitamincocktail aber auch als Hauptdarsteller, etwa in Begleitung von Fladenbrot, super.

ZUTATEN FÜR CA. 10 KLEINERE SCHALEN

- 2 Salatgurken
- 1 Becher Schafjoghurt und 1 Becher „normales" Joghurt (oder 2 Becher „normales" Joghurt)
- 2 Tomaten und/oder 1 EL Kokosflocken nach Belieben
- 2–3 Knoblauchzehen
- Salz, Pfeffer
- Garam Masala nach Belieben

ZUBEREITUNG

■ Du wäschst die Gurken gut und schälst sie der Länge nach so, dass immer 1 Streifen von etwa 1 cm ungeschält bleibt. Das sieht nicht nur dekorativer aus, sondern schmeckt auch herzhafter.

■ Nun schneidest du die Gurken in kleine Würfel und gibst sie in eine Schüssel.

■ Dann verrührst du die beiden Joghurts miteinander. Du schälst die Knoblauchzehen, schneidest sie in sehr feine Streifen und rührst sie unter das Joghurt (oder du presst sie direkt durch eine Knoblauchpresse ins Joghurt).

■ Du verrührst das Joghurt mit den Gurken und würzt mit Salz sowie Pfeffer.

■ Wenn du möchtest, mengst du jetzt noch die in Würfel geschnittenen Tomaten und/oder die Kokosflocken unter und schmeckst nochmals mit Salz ab. Dann stellst du die Schüssel in den Kühlschrank und lässt den Salat mindestens 1 Stunde gut durchkühlen.

Dann nimmst du die Schüssel wieder heraus, rührst einige Male gut durch und richtest das Raita in mehreren kleinen Schalen oder einer großen Salatschüssel an. Wenn du Lust hast, kannst du noch eine Prise Garam Masala darüberstreuen.

ACH, WAS ICH DIR NOCH SAGEN WOLLTE ...

Du kannst die Gurken statt kleinwürfelig zu schneiden auch auf einem Reibeisen reiben, sie dann kräftig salzen und einige Zeit stehen lassen. Dabei setzt sich Wasser ab, das du dann in einem Sieb aus den Gurken hinauspressen musst. In diesem Fall schmecken die Gurken allerdings weniger bissfest und mit dem Wasser gehen auch wertvolle Nährstoffe verloren. Würde ich dir also nicht unbedingt empfehlen, gilt aber als klassische Gurken-Zubereitungsart.

Paprika-Leberkäse-Salat mit Glasnudeln

Eine aparte asiatische Variante des heimischen Wurstsalats

ZUTATEN FÜR CA. 10 PORTIONEN

600–700 g Leberkäse, in etwa 5 mm dicke Scheiben geschnitten
500 g chinesische Glasnudeln · 2 Handvoll chinesische Pilze (eingelegt oder getrocknet und eingeweicht; ersatzweise eingelegte Champignons)
4 Paprikaschoten (grün, rot und/oder gelb) · 1 Bund Frühlingszwiebeln
ca. 80 ml Sojasauce (je nach Geschmack) · 100 ml Reiswein oder trockener Sherry · 50 ml Sesamöl nach Belieben · Chilipulver · 2 Handvoll gesalzene Erdnüsse · 2 EL fein gehacktes Koriandergrün

ZUBEREITUNG

- Lies zuerst die Gebrauchsanleitung auf der Glasnudel-Packung durch und koche die Nudeln dementsprechend. Meistens werden die Nudeln in eine

Schüssel gegeben und mit siedendem Wasser übergossen. Dann lässt man sie einige Zeit aufquellen, gießt sie in ein Sieb und schreckt sie kurz mit kaltem Wasser ab. Danach gut abtropfen lassen.

🟩 Dann schneidest du den Leberkäse in mundgerechte Streifen. Die Paprikaschoten der Länge nach aufschneiden, den Stiel sowie die weißen Trennwände samt Kernen entfernen und unter fließendem Wasser gut waschen. In längliche Streifen schneiden.

🟩 Von den Frühlingszwiebeln ziehst du die äußere Schicht ab und schneidest die Wurzeln weg. Die Zwiebeln und etwa die Hälfte jeder grünen Stange fein schneiden.

🟩 Die Pilze abtropfen lassen und größere Pilze eventuell etwas kleiner schneiden.

🟩 Jetzt gibst du die mittlerweile ebenfalls gut abgetropften Glasnudeln in eine große Schüssel und mengst die Leberkäsestreifen, die geschnittenen Paprikaschoten, die abgetropften Pilze sowie die Frühlingszwiebeln dazu.

🟩 Dann verrührst du in einer kleinen Schüssel (je nach gewünschter Intensität mehr oder weniger) Sojasauce mit Reiswein sowie Sesamöl und rührst alles in den Salat ein. Wenn du den Salat gerne etwas pfiffiger haben möchtest, so streu noch eine Prise Chili darüber. Alles mit einem Salatbesteck gut durchmischen. Erst unmittelbar vor dem Servieren die Erdnüsse untermengen und das fein gehackte Koriandergrün darüberstreuen.

ACH, WAS ICH DIR NOCH SAGEN WOLLTE ...

Wenn es dein Budget erlaubt, so kannst du statt Leberkäse auch Beinschinken oder gegartes Hühner- oder Truthahnfleisch verwenden und den Salat mit Shrimps (gibt es vorgekocht zu kaufen) aufpeppen. Solltest du weder Glasnudeln noch Koriandergrün zur Verfügung haben, so koche stattdessen möglichst dünne Band- oder Fadennudeln und ersetze das Koriandergrün durch grob geschnittene Petersilie.

Mitternachts-Minestrone

Diese kräftige Gemüsesuppe sorgt für neuen Schwung auf deiner Party

ZUTATEN FÜR 8–10 PORTIONEN

- 2 l Rind- oder Gemüsesuppe (am besten selbst gemacht s. S. 147, ersatzweise aus Suppenwürfeln)
- 300 g gemischtes Tiefkühlgemüse (Erbsen, Karotten und Sellerie)
- 200 g Penne oder andere kleine Nudeln
- 2–3 Kartoffeln
- 1 Dose geschälte Tomaten
- 1 kleine Dose weiße Bohnen
- 1 Zucchini
- 1 Lauchstange
- 2 Frühlingszwiebeln
- 2 Knoblauchzehen
- 2 EL Olivenöl zum Anrösten
- Salz, Pfeffer
- Parmesan zum Bestreuen

ZUBEREITUNG

■ Zuerst schälst du die Frühlingszwiebeln und den Knoblauch und schneidest beides in feine Würfelchen. Du ziehst beim Lauch die äußere Schicht ab, wäschst ihn und schneidest den weißen Teil in feine Ringe. Du schälst die Kartoffeln und schneidest sie ebenfalls in Würfel.

■ Dann erhitzt du in einem großen Topf das Olivenöl und lässt den Lauch, Knoblauch und die Zwiebeln hell anschwitzen. Währenddessen nimmst du die Tomaten aus der Dose und schneidest sie einige Male durch. Nun gießt du mit einem Schöpflöffel Suppe auf, gibst die Tomaten samt Saft dazu und lässt alles nochmals kurz aufkochen.

■ Nun gibst du die Kartoffelwürfel zu, gießt mit der Suppe auf und lässt alles etwa 10 Minuten kochen.

■ Inzwischen wäschst du die Zucchini und schneidest sie in kleine Würfel.

■ Dann gibst du die Zucchini, das übrige Gemüse, die Bohnen sowie die Nudeln dazu.

■ Jetzt lässt du die Minestrone noch etwa 10–15 Minuten köcheln, bis die Nudeln weich sind. Ist die Suppe danach zu pampig, so gieß noch etwas Wasser dazu. Mit Salz und Pfeffer kräftig würzen.

■ Du gießt die Minestrone in Suppenschalen und bestreust sie mit geriebenem Parmesan.

ACH, WAS ICH DIR NOCH SAGEN WOLLTE ...

Welche Gemüse du verwendest, kann ganz von deinem Vorrat im Tiefkühl- und Gemüsefach abhängen. Nimm einfach, was du findest!
Auch zu Beginn mitgeröstete Speckwürferl machen sich recht gut.
Statt Nudeln kannst du auch Perlweizen, Reis oder Dinkel in der Suppe kochen.

Omis Rehrücken

Meine Töchter lieben dieses einfache Kuchenrezept, das sie von ihrer Oma bekommen haben. Die wiederum hat es allerdings von ihrer Schwester, weshalb es eigentlich „Tante Doras Rehrücken" heißen müsste. Aber wer weiß, woher die liebe Tante Dora einst dieses Rezept bekommen hat?

ZUTATEN FÜR 1 KASTEN- ODER REHRÜCKENFORM

4 Eier · 150 g zimmerwarme Butter · 150 g Zucker · 80 g geschmolzene oder geriebene Kochschokolade (s. u.) · 60 g geriebene Nüsse (Wal- oder Haselnüsse) · 60 g glattes Mehl · 1/4 Pkt. Backpulver · 1 EL Butter für die Form · Marmelade zum Bestreichen · Süße Moccabohnen oder geröstete Mandelsplitter zum Bestreuen nach Wunsch

FÜR DIE SCHOKOGLASUR (ODER FERTIGGLASUR VERWENDEN)

150 g Staubzucker · 30 g Kakaopulver · 30 g Butter · 3 EL heißer Kaffee

ZUBEREITUNG

■ Zuerst heizt du das Backrohr auf 180 °C vor und trennst die Eier in Eiklar und Eidotter (siehe dazu Kasten S. 141).

■ Jetzt kannst du gleich das Eiklar in einer Schüssel schaumig aufschlagen. Gib eine Prise Zucker dazu und schlage es zu richtig steifem Schnee.

■ In einer anderen Schüssel rührst du nun die zimmerwarme Butter gemeinsam mit den Eidottern und Zucker schaumig. (Die Rührstäbe des Mixers musst du dafür nicht extra abwaschen.)

■ Ist die Masse schön sämig, so kannst du die geriebenen Nüsse und die geschmolzene Schokolade unterrühren. Dann mischst du das Backpulver etwas unter das Mehl und rührst abwechselnd etwas Mehl und etwas Schnee ein. Dabei

solltest du nicht mehr zu stark rühren, sondern die Masse mit einer Teigkarte eher behutsam durchmischen, damit der Schnee nicht zusammenfällt.
■ In einem kleinen Topf etwa 1 Esslöffel Butter schmelzen und die Kastenform damit gut ausstreichen. Die Masse in die Form einfüllen und mit der Teigkarte behutsam glattstreichen.
■ In das Backrohr stellen und ca. 40 Minuten backen. Der Kuchen ist fertig gebacken, wenn an einem Spießchen, das du in die Mitte hineinsteckst und dann wieder herausziehst, kein flüssiger Teig mehr haftet.
■ Dann nimmst du den Rehrücken heraus, lässt ihn kurz überkühlen und stürzt ihn auf ein Schneidbrett oder eine Vorlegeplatte. Dafür solltest du den Kuchen vorher mit einer (gerundeten) Messerspitze vorsichtig rundum lösen.
■ Nun den Kuchen oben und an den Seiten mit Marmelade bestreichen.
Für die Schokoglasur lässt du abermals Butter schmelzen und verrührst sie in einer Schüssel mit heißem Kaffee, Kakao und Staubzucker. Rasch über den Rehrücken gießen und mit einem Messer ohne Wellenschliff rundum verstreichen.
■ Wenn du möchtest, kannst du den Rehrücken jetzt noch mit Moccabohnen oder mit in einer Pfanne ohne Fett kurz angerösteten Mandelsplittern belegen. Das sieht hübscher aus und schmeckt zudem super.

Wie schmelze ich Schokolade, ohne dass sie anbrennt?

Am sichersten in einem Wasserbad. Dafür brichst du die Schokolade in kleinere Stücke und gibst sie in einen kleinen Topf mit zwei Henkeln oder in eine Edelstahlschüssel. Dann füllst du einen größeren Topf mit wenig heißem Wasser, stellst oder hängst den kleineren Topf hinein bzw. darüber und lässt das Wasser aufkochen. Voilà – die Schoko schmilzt dahin wie Schnee in der Sonne. Aber Achtung! Es darf kein Wasser zur Schokolade gelangen, da sie sonst hart wird. Sollte das dennoch passieren, so rühre sie mit etwas Öl (keine Butter) wieder geschmeidig.
Du kannst Schokolade allerdings auch im nicht zu heißen Backrohr oder in der Mikrowelle schmelzen. Wenn du sie unbedingt am Herd schmelzen möchtest, so wähle einen Topf mit möglichst dickem Boden und reduziere die Hitze auf das absolute Minimum!

Rat & Tat
Die besten Tipps zum Schnee schlagen

Eiklar zu Schnee schlagen! Das klingt einfach, kann aber auch mitunter schiefgehen. Dann hast du statt der luftigen Schaumschlägerei ein wässriges Etwas in der Schüssel. Das hat meist zwei Gründe: Entweder du hast die Eier nicht sorgfältig genug getrennt und es hat sich eine Spur Dotter ins Klar verirrt, oder aber in der Schüssel sind alte (meist Fett-) Reste nicht ausgewaschen worden.

- Nimm das Ei in die linke Hand und schlage es mit der stumpfen Seite einer Messerklinge in der Mitte einige Male so an, dass die Schale zwar leicht aufgeklopft, das Ei aber nicht völlig durchtrennt wird.
- Nun stellst du zwei kleine Schüsseln oder Tassen vor dich hin. Nimm das Ei in beide Hände und drücke beide Daumen an der Bruchstelle sanft hinein. Das Ei sollte sich nun behutsam öffnen lassen. Du hebst die obere Schale vorsichtig ab und lässt das Eiklar in die darunter stehende Schüssel fließen. Jetzt lässt du das Eidotter von der linken Schalenhälfte so in die rechte gleiten, dass abermals Eiklar in die Schüssel fließen kann, das Dotter dabei aber keinesfalls verletzt wird. Ist der Großteil des Eiklars abgeflossen, so kannst du das Eidotter für die weitere Verwendung in eine Schale geben.
- Du gibst das Eiklar nun in jene Schüssel, in der du später den Schnee schlagen wirst. Jetzt trennst du die restlichen Eier ebenso, aber jedes Ei stets über dem mittlerweile immer wieder geleerten Schüsselchen. Nur so kannst du sichergehen, dass du mit dem letzten Ei nicht möglicherweise das gesamte getrennte Eiklar ruinierst.
- Sollte dennoch einmal das ein oder andere Ei danebengehen, versuche, das Eidotter mit einem Kaffeelöffel, einer Messerspitze oder etwas zusammengedrehter Küchenrolle aus dem Eiklar zu entfernen.
- Und sollte auch das nicht gelingen, so decke das „verschmutzte" Eiklar mit Klarsichtfolie ab und verwende es möglichst bald für Rührei, Palatschinken & Co.

Malakoff-Nockerln mit Beerenpüree

ZUTATEN FÜR CA. 12 PORTIONEN

1 1/2 Schachteln (50–60 Stück) Biskotten
ca. 250 ml Milch
1 kl. Tasse starker Kaffee
1 Stamperl Rum oder Cognac
2 Pkt. tiefgekühlte Beeren (oder frische Beeren)
Staubzucker

FÜR DIE BUTTERCREME

150 g zimmerwarme Butter
200 g Staubzucker
3 Eidotter
ca. 150 g geriebene Mandeln
ca. 150 ml Schlagobers

ZUBEREITUNG

Die Nockerln musst du bereits am Vortag zubereiten!

■ Du gibst die zimmerwarme Butter in eine Schüssel und rührst sie mit dem Handmixer oder einem Schneebesen schön cremig. Dann Staubzucker sowie Eidotter zugeben und weiterrühren. Zum Schluss mengst du die geriebenen Mandeln ein und gießt das flüssige Schlagobers zu. Jetzt sollte die Buttercreme nicht zu flüssig, aber dafür schön streichfähig sein. Die Konsistenz kannst du bei Bedarf mit Mandeln oder Schlagobers korrigieren.

■ Nun gießt du die Milch in einen Suppenteller und vermengst sie mit Kaffee und Rum.

■ Jetzt wird eine Biskotte nach der anderen zuerst kurz auf beiden Seiten in der aromatisierten Milch gewendet und dann in eine passende Auflaufform oder Schüssel eingeschlichtet.

■ Dann streichst du fingerdick Creme darauf, legst wieder getränkte Biskotten darauf, die wiederum mit Creme bestrichen werden, bis alles verbraucht ist. Dabei die Biskotten jeweils quer zu den vorangegangenen einschlichten. Den Abschluss bilden Biskotten, die du dann gut mit Klarsichtfolie abdeckst und am besten im Kühlschrank über Nacht durchziehen lässt.

■ Am nächsten Tag taust du die Beeren bei Zimmertemperatur auf. Du gibst sie in eine Schüssel, mengst etwas Staubzucker dazu und rührst alles mit einem Schneebesen kräftig durch (oder im Mixer pürieren).

■ Die Klarsichtfolie von der Malakoff-Masse abziehen und aus der Masse mit einem Esslöffel Nockerln ausstechen. Die Nockerln auf Teller setzen und das Beerenpüree rundum gießen.

ACH, WAS ICH DIR NOCH SAGEN WOLLTE ...

Solltest du der Figur deiner Freunde ernsthaft schaden wollen, so garniere die Malakoff-Nockerln noch mit geschlagenem Schlagobers, geriebenen Haselnüssen, Kompottfrüchten oder auch mit (aufgetautem) Maronipüree.

Weiße Kirschtrüffeln

Auch wenn sich die Trüffeln nicht immer in Kugeln nach Gardemaß rollen lassen – ein echter Partyrenner!

ZUTATEN

250 ml flüssiges Schlagobers · 200 g weiße Schokolade · 2 EL Kirschwasser (Kirschenschnaps) · Kokosflocken zum Wälzen · Papierkapseln

ZUBEREITUNG

■ Zuerst gießt du das Schlagobers in einen Topf und lässt es langsam und unter wiederholtem Umrühren aufkochen.

■ Währenddessen brichst du die Schokolade in Stücke und gibst sie dann zum kochenden Obers. Du rührst alles durch, bis sich die Schokolade aufgelöst hat. Jetzt stellst du die Masse für 1 Stunde kalt.

■ Dann gießt du etwas Schnaps zu und rührst die Masse schaumig. Du stellst die Masse abermals kalt – diesmal etwa 2 Stunden.

■ Inzwischen bereitest du eine Menge kleiner Papierkapseln und einen Teller mit Kokosflocken vor.

■ Nun stichst du mit einem Moccalöffel kleine Nockerl aus, rollst sie – wenn das möglich ist – zu Kugeln, wälzt diese in Kokosflocken und setzt sie in die Manschetten. Ist die Masse zu weich, so setzt du die Trüffeln gleich in die Manschetten und bestreust sie dort mit Kokosflocken.

■ Wieder kaltstellen und am besten erst direkt vor dem Servieren aus dem Kühlschrank nehmen.

ACH, WAS ICH DIR NOCH SAGEN WOLLTE ...

Dasselbe Spiel kannst du selbstverständlich auch mit Vollmilchschokolade und Cognac o. ä. spielen.

Checkpoint Mama

Einfache Tricks, um kritische Mütter und andere Gäste zu beeindrucken
Vom Muscheltopf über Kürbiskern-Schnitzerl bis zum Gugelhupf

Gebratene Saiblingsstreifen
auf Vogerlsalat mit Ingwer-Marinade und Brotchips

Der leichte und aparte Auftakt zu einem mehrgängigen Menü

ZUTATEN FÜR 4 PORTIONEN

500–600 g Saiblingsfilet ohne Haut (oder anderes Fischfilet wie Zander oder Wels) · 150 g geputzter Vogerlsalat · 4 Scheiben hauchdünn geschnittenes Brot · Salz und Pfeffer · etwas Zitronensaft
2–3 EL Oliven- oder Pflanzenöl zum Braten

FÜR DIE SALAT-MARINADE

1 1/2 EL guter Essig (am besten Balsamicoessig) · 1 kl. Stück (2 cm) frische Ingwerwurzel · 2–3 EL Olivenöl · Salz und Pfeffer

ZUBEREITUNG

■ Du beginnst am besten mit der Salat-Marinade. Dafür schälst du das kleine Stück Ingwer mit einem scharfen Messer oder einem Sparschäler und schneidest es in sehr feine Streifen (oder du raspelst es auf einem Reibeisen). In einer größeren Tasse den Essig mit Ingwerstreifen verrühren, salzen, pfeffern und zum Schluss das Öl einrühren. Mit einer Gabel kräftig durchrühren und dann zur Seite stellen.

■ Du wäschst den Vogerlsalat, lässt ihn abtropfen und entfernst eventuell zu große Wurzelansätze. Salat in eine große Schüssel geben.

■ Jetzt legst du das Fischfilet auf ein Schneidbrett und checkst, ob es wirklich grätenfrei ist. Dafür fährst du mit den Fingerkuppen zart über das Filet hin und her und zupfst jede spürbare Gräte mit einer Pinzette heraus. Dann das Filet in fingerdicke Streifen schneiden, salzen, pfeffern und mit etwas Zitronensaft beträufeln. Kurz ziehen lassen.

■ Für die Brotchips schneidest du inzwischen die Brotscheiben noch ein- oder zweimal durch, gibst sie in eine (am besten beschichtete) Pfanne und lässt sie ganz ohne Fett bei ziemlich großer Hitze rundum richtig knusprig braten. Dann hebst du sie wieder heraus und stellst sie zur Seite. (Sie müssen nicht unbedingt warm bleiben.)

■ Nun in einer Pfanne das Öl erhitzen. Die Fischstreifen einlegen und bei kräftiger Hitze 1–2 Minuten anbraten. Wenden, die Hitze etwas reduzieren und 3–4 Minuten fertig braten. Herausnehmen und auf Küchenkrepp etwas abtupfen.

Inzwischen hast du kurz Zeit, die Marinade nochmals kräftig durchzurühren und über den Salat zu gießen. Mit einem Salatbesteck gut durchmischen und kegelartig auf den vier Tellern anrichten. Jetzt nimmst du die Fischfilets aus der Pfanne und verteilst sie auf dem Salat. Die knusprigen Brotchips servierst du extra dazu.

ACH, WAS ICH DIR NOCH SAGEN WOLLTE ...

Wenn du bei der Marinade den Ingwer weglässt, so eignet sich dieses **Dressing** nahezu für jeden anderen Salat. Balsamicoessig gibt dem Salat übrigens eine angenehme runde Geschmacksnote. Für **Tomatensalat** mengst du noch etwas fein gehackte Zwiebeln darunter, für **Gurkensalat** würde ich dir allerdings statt zu Balsamicoessig eher zu gutem Apfelessig oder einem Joghurtdressing raten. Dafür vermengst du ca. einen halben Becher Joghurt mit Salz, Pfeffer und 1–2 zerdrückten Knoblauchzehen.

Einfache hausgemachte Rindsuppe mit Kräuter-Frittaten

Dieses Rezept lehnt sich an ein Sprichwort an, das speziell unter Kochlehrlingen äußerst beliebt ist: „Es gibt nur zwei Arten von Köchen. Die einen geben zu, dass sie Suppenwürfel verwenden, die anderen nicht."

ZUTATEN FÜR 4–6 PORTIONEN

1 Bund Suppengrün · 1 Stück Beinfleisch (oder 2 Stk. Ochsenschlepp oder ca. 250 g Rindfleisch und 2 Rinderknochen) · 1–1,5 l Wasser · Salz
2–3 Suppenwürfel · fein geschnittene Petersilie (oder Schnittlauch) zum Bestreuen

FÜR DIE FRITTATEN

1 Ei · 2 gehäufte EL (griffiges) Mehl · 100–125 ml Milch
1 EL gehackte Kräuter (Petersilie, Schnittlauch, auch tiefgekühlt möglich)
Salz, Pfeffer · ca. 1 KL Butter zum Backen

ZUBEREITUNG

■ Zuerst wäschst du das Fleisch (und die Knochen) unter kaltem Wasser gut ab.

■ Dann gibst du es in einen Topf, legst das Suppengrün dazu und füllst mit Wasser auf. Du stellst den Topf auf den Herd, setzt den Deckel auf und lässt das Wasser aufkochen.

■ Jetzt reduzierst du die Hitze etwas und lässt die Suppe nicht völlig zugedeckt 50–60 Minuten, besser aber noch länger, leise vor sich hinköcheln.

■ Währenddessen hast du locker Zeit für die Frittaten. Dafür schlägst du das Ei in eine Schüssel und verrührst es mit dem Schneebesen mit Mehl und Milch. Rühr kräftig durch, damit keine Mehlklümpchen entstehen. Dann gibst du die gehackten Kräuter zu und würzt mit Salz sowie Pfeffer.

■ Nun lässt du die Butter in einer nicht zu großen Pfanne schmelzen und gießt den Teig ein. Willst du eher dünne Frittaten, teile den Teig auf zweimal auf, bevorzugst du dickere Frittaten, so gieß den Teig auf einmal ein. Du schwenkst die Pfanne einige Male hin und her, damit sich der Teig schön verteilt. Du bäckst die Palatschinke goldgelb an (s. dazu auch S. 49), wendest sie und bäckst die zweite Seite ebenso.

■ Dann nimmst du die Pfanne vom Herd und lässt die Palatschinke auskühlen. Du rollst die lauwarme Palatschinke zusammen und schneidest sie in nudelige Streifen.

■ Nach etwa 1 Stunde sollte das Beinfleisch bereits etwas von seiner Kraft und seinem Geschmack an die Suppe abgegeben haben. Du salzt die Suppe kräftig, gibst die Suppenwürfel hinein und kochst sie nochmals kräftig auf.

■ Jetzt hebst du mit einem Schaumlöffel das Gemüse und Fleisch heraus. Wenn du sichergehen willst, dass sich auch keine Knochensplitter in die Suppe verirrt haben, kannst du die Suppe auch durch ein Sieb gießen.

■ Du verteilst die Frittaten auf die Teller, gießt mit Suppe auf und streust Petersilie oder Schnittlauch darüber.

DAZU PASST AUSSER FRITTATEN AUCH NOCH: gekaufte Backerbsen (einfach einstreuen) oder Leberknödel (ca. 10 Minuten in Wasser kochen) sowie feine Suppennudeln (einige Minuten in der Suppe kochen)

ACH, WAS ICH DIR NOCH SAGEN WOLLTE ...
Du kannst versuchen, das übrig gebliebene Rindfleisch zu essen. Vermutlich ist es aber noch nicht weich genug. „Richtige" Rindsuppen müssen nämlich 3–4 Stunden kochen und werden nicht mit Suppenwürfeln, dafür aber mit Salz, allerlei Kräutern (Liebstöckel, Pfefferkörner, Petersilstengel) und einer ungeschälten, halbierten und ohne Fett angerösteten Zwiebel gewürzt.

Das-Kind-geht-aus-dem-Haus-**KOCHBUCH**

Muscheltopf in Weißwein-Tomatensauce mit Knoblauch-Toast

Eindrucksvoll, aber ohne viel Arbeitsaufwand präsentiert sich dieser Muscheltopf, der sowohl als Zwischengericht als auch als Hauptspeise serviert werden kann.

ZUTATEN FÜR 4 ZWISCHENGERICHT-PORTIONEN

1,5 kg Miesmuscheln
250–300 ml Weißwein
1 Dose geschälte Tomaten
1 kleine Zwiebel
4 Knoblauchzehen
Salz, Pfeffer
4–5 EL Olivenöl
frisches Basilikum oder Petersilie zum Bestreuen

FÜR DEN KNOBLAUCH-TOAST

12–16 Scheiben Weiß- oder Toastbrot
3–6 Knoblauchzehen nach Belieben
Olivenöl
Salz

ZUBEREITUNG

■ Wenn du die Muscheln kaufst, achte darauf, dass der Fischhändler bereits geöffnete Muscheln aussortiert. Darauf hast du ein Anrecht! Dann sollten die Muscheln möglichst rasch nach Hause transportiert und kühl, allerdings nicht länger als ein paar Stunden, gelagert werden.

■ Vor der Zubereitung musst du die Muscheln putzen. Das klingt schlimmer, als es ist. Du nimmst einfach eine Muschel nach der anderen, zupfst den Bart weg und schrubbst sie mit einer Flaschenbürste oder der aufgerauten Seite eines Küchenschwamms unter fließendem kalten Wasser sauber. Ist eine Muschel bereits geöffnet, so drücke sie wieder zusammen. Bleibt sie geschlossen, so ist sie o.k.; andernfalls musst du sie leider wegwerfen.

■ Nun schälst du die Zwiebel, halbierst sie und schneidest sie in kleine Würfel. Dasselbe machst du mit den Knoblauchzehen, wobei du gleich die Knoblauchzehen für die Toasts mitschälst und fein hackst. Du schüttest die Tomaten in einen Suppenteller und tastest mit den Fingern nach eventuell verbliebenen harten Stielansätzen, die du entfernst. Die Tomaten schneidest du einige Male durch.

Checkpoint Mama

■ Für die Toasts beträufelst du die Weißbrotscheiben jeweils auf der Oberseite mit etwas Olivenöl. Dann setzt du sie auf ein mit Backpapier ausgelegtes (oder mit Öl bestrichenes) Backblech und heizt das Backrohr auf 220 °C oder maximale Oberhitze vor. Den für die Toasts bestimmten gehackten Knoblauch gibst du auf ein Schneidbrett, bestreust ihn mit etwas Salz und zerdrückst ihn mit einer Messerklinge.

■ Jetzt erhitzt du in einem möglichst breiten, großen Topf das Olivenöl. Du schwitzt darin die Zwiebeln gemeinsam mit dem Knoblauch an, bis die Zwiebeln schön glasig und weich sind. Dann gibst du die Tomaten dazu, rührst gut durch und lässt sie kurz aufkochen. Den Weißwein zugießen und einmal kräftig aufkochen lassen.

■ Du gibst die Muscheln in den Topf, würzt mit Salz und Pfeffer und rührst nochmals durch. Dann schließt du den Deckel und lässt die Muscheln ca. 5 Minuten ziehen. Sobald sich ihre Schalen geöffnet haben, sind die Muscheln gar gekocht.

■ Inzwischen schiebst du die Toasts in das Backrohr und lässt sie einige Minuten knusprig überbacken. Die Basilikum- oder Petersilblätter schneidest du in feine Streifen.

■ Dann nimmst du die Toasts wieder heraus und bestreichst sie mit dem zerdrückten Knoblauch. Du verteilst die fertigen Muscheln auf die Teller und begießt sie mit der Sauce. Vor dem Servieren streust du noch das Basilikum über die Muscheln. Die Toasts reichst du auf einem extra Teller.

ACH, WAS ICH DIR NOCH SAGEN WOLLTE …
Wenn du die Toasts etwas üppiger belegst, etwa mit Tomatenwürfeln, Basilikum- und/oder Olivenpesto (gibt es in jedem Supermarkt), so ergibt das auch ganz ohne Muscheln einen wunderbar pikanten Imbiss.

Basic-Rezept
Wiener Schnitzel & Co. panieren

So viel ist sicher: Das echte klassische Wiener Schnitzel sollte stets aus Kalbfleisch zubereitet werden. Tut es aber in den wenigsten Fällen. Meist wird mageres Schweinefleisch, zartes Hühner- oder Truthahnschnitzel in die goldene Panier verpackt. Aber auch Leberkäse, Emmentaler, Champignons oder Steinpilze verstecken sich darunter. Die Methode ist dabei stets dieselbe:

- Zuerst bereitest du dein „Paniergut", wie es so schön heißt, vor, indem du das Fleisch von allfälligen Sehnen oder Flachsen befreist. (Pilze, Käse oder Emmentaler musst du in passende, etwa fingerdicke Scheiben schneiden.)
- Dann bedeckst du das Fleisch mit Klarsichtfolie und klopfst es zart mit dem Schnitzelklopfer, damit es etwas dünner und zarter wird.
- Jetzt würzt du auf beiden Seiten mit Salz und Pfeffer.
- Du gibst in einen Suppenteller etwas griffiges Mehl. In den zweiten Teller schlägst du 1–2 Eier und verrührst sie leicht. In den dritten Teller kommen Semmelbrösel.
- Nun legst du jedes Schnitzel zuerst ins Mehl, drehst es um, legst es auf beiden Seiten in das Ei und ziehst dabei mit einer Gabel das Ei so über das Schnitzel, dass es gut davon umhüllt ist. Jetzt wendest du es noch in den Semmelbröseln und drückst die Panier mit dem Gabelrücken behutsam fest.
- Du erhitzt in einer Pfanne reichlich Öl und bäckst die panierten Schnitzel auf beiden Seiten goldbraun und knusprig (siehe dazu auch Hühnerschnitzel in Kürbiskernpanier S. 152). Herausheben, auf Küchenkrepp abtropfen lassen und mit einer Zitronenscheibe garniert servieren.

Wie merke ich, wann das Öl heiß genug ist?

Lass einfach einen winzigen Bröselrest vom Panieren in die Pfanne fallen. Schäumt er sofort auf, so ist das Öl heiß genug. Todsicher ist auch die Methode mit einem (!) Wassertropfen (wohlgemerkt, kein Spritzer oder Schuss o.ä.!!). Sobald dieser beim Hineinfallen zischt, kann's mit dem Herausbacken losgehen.

Kürbiskern-Schnitzerl mit Petersilkartoffeln

Eine raffinierte Weiterentwicklung des Wiener Schnitzels

ZUTATEN
FÜR 4 PORTIONEN

4 große oder 8 kleinere Hühnerschnitzerl (auch Truthahn-, Schweins- oder Kalbsschnitzerl)
600–750 g speckige Kartoffeln
1–2 EL Butter
1–2 EL gehackte Petersilie
2 Eier
3–4 EL Kürbiskerne
ca. 2 Tassen Semmelbrösel
ca. 2 Tassen griffiges Mehl
Salz und Pfeffer
Pflanzenöl und eventuell etwas Butterschmalz zum Herausbacken
Zitronenscheiben zum Garnieren

ZUBEREITUNG

■ Zuerst kümmerst du dich um die Petersilkartoffeln. Dafür schälst du die Kartoffeln und kochst sie in Salzwasser 15–20 Minuten (s. dazu auch S.130). Dann nimmst du die Kartoffeln vom Herd, gießt das Wasser ab und lässt sie einfach zugedeckt stehen.

■ Währenddessen legst du die Schnitzel auf ein Schneidbrett und schneidest allfällige Fett- oder Sehnenreste mit einem scharfen Messer weg. Dann klopfst du die Schnitzel mit einem Schnitzelklopfer leicht platt. Auf beiden Seiten mit Salz sowie Pfeffer würzen und auf einen Teller legen.

■ Nun streust du die Kürbiskerne auf das mit Küchenkrepp abgewischte Schneidbrett und schneidest sie mit einem scharfen Messer möglichst klein (oder im Blitzcutter grob hacken). Du vermischst die Kürbiskerne auf einem Teller mit den Semmelbröseln. Etwas Mehl auf einen anderen Teller schütten, die Eier in einen dritten Suppenteller hineinschlagen und mit der Gabel einige Male kräftig durchrühren.

■ Jetzt wendest du das erste Schnitzel zuerst auf beiden Seiten in Mehl und klopfst mit der Rückseite der Gabel vorsichtig das überflüssige Mehl ab. Dann legst du das Schnitzel in die verschlagenen Eier, wendest es und wälzt es danach auf beiden Seiten in dem Kürbiskern-Bröselgemisch. Schnitzel auf das Schneidbrett legen und die restlichen Schnitzel ebenso panieren.

■ In einer großen flachen Pfanne (oder in zwei kleineren Pfannen) reichlich Öl (etwa eine Fingerbreite hoch)eingießen und erhitzen. So du Butterschmalz zu Hause hast, einen schwachen Esslöffel davon dazugeben (das lässt das Schnitzerl wunderbar nussig schmecken). Nun die Schnitzel vorsichtig einlegen und anfangs bei relativ großer Hitze kurz auf beiden Seiten anbacken. Bitte stich die Schnitzel dabei möglichst nicht mit einer Gabel an! Das ruiniert die Panier und lässt den Saft ausfließen!

■ Dann die Hitze ziemlich reduzieren und auf beiden Seiten langsam goldbraun backen. Dabei die Schnitzel immer wieder mit Hilfe eines Esslöffels mit heißem Fett begießen, damit die Panier so richtig knusprig wird und wellenartig soufflieren kann.

■ Während die Schnitzel ihre letzte Bräune erhalten, gibst du etwas Butter sowie die gehackte Petersilie zu den gekochten Kartoffeln. Vorsichtig durchrühren und die Kartoffeln nochmals kurz bei mittlerer Hitze auf den Herd stellen, damit die Butter unter wiederholtem Umrühren schön aufschäumen kann.

■ Je nach Stärke der Schnitzel solltest du sie nach insgesamt 5–7 Minuten mit einem Bratenwender wieder herausheben. Leg sie auf ein paar Blätter Küchenkrepp und tupfe sie behutsam ab.

■ Auf Tellern anrichten und mit je einer Zitronenscheibe garnieren. Die Petersilkartoffeln daneben anrichten.

DAZU PASST: grüner Blattsalat, Gurken- oder Tomatensalat

ACH, WAS ICH DIR NOCH SAGEN WOLLTE ...

Für **Wiener Schnitzel** oder Backhenderl lässt du die Kürbiskerne einfach weg. Besonders fein und zart werden übrigens Schnitzel aus Schweinslungenbraten, die du aber keinesfalls zu lange in der Pfanne lassen solltest.

Für **Backhenderl** kaufst du am besten vorgeschnittene Hühnerteile, würzt diese mit Salz sowie Pfeffer, panierst sie und bäckst die Keulen ca. 20 Minuten, die Bruststücke ohne Knochen 8–10 Minuten langsam goldgelb heraus. Das alles kannst du übrigens auch auf frischem Blattsalat servieren.

Marmorgugelhupf

Eine meiner ersten Mehlspeisen, die ich als junges Mädchen gebacken habe und bei der eigentlich nichts schiefgehen kann.

ZUTATEN

200 g zimmerwarme Butter
4 Eier
5 EL Kristallzucker
4 EL Staubzucker
1 Pkt. Vanillezucker
400 g glattes Mehl
250 ml Milch
1 Pkt. Backpulver
3–4 EL Kakaopulver
1 Schuss Rum
Butter für die Form
Staubzucker zum Bestreuen

ZUBEREITUNG

■ Du nimmst die Butter rechtzeitig aus dem Kühlschrank, damit sie schön weich wird.

■ Dann trennst du die Eier in Eidotter und Eiklar (siehe dazu auch S. 141). Du gibst das Eiklar in eine Schüssel und schlägst es zu Schnee. Sobald der Schnee beginnt fest zu werden, gibst du den Kristallzucker zu und schlägst weiter, bis der Schnee wirklich schön steif geworden ist.

■ Es wird Zeit, das Backrohr auf 180 °C vorzuheizen.

■ Nun gibst du die Butter in eine andere (nicht zu kleine) Teigschüssel und rührst sie so lange, bis sie schaumig, sprich dicklich wird. Dann gibst du Staub- und Vanillezucker sowie die Eidotter hinein und rührst noch kurz weiter, bis alles schaumig ist.

■ Jetzt wiegst du das Mehl ab und vermischst es mit dem Backpulver. Du gibst gut die Hälfte zur Dottermasse, gießt die Milch ein und rührst alles kräftig durch. Nun legst du den Mixer weg und rührst mit einem Schneebesen mit der Hand abwechselnd etwas Mehl und Schnee unter, rührst behutsam durch und wiederholst diesen Vorgang, bis alles verbraucht ist.

■ Du lässt in einem sehr kleinen Topf einen guten Esslöffel Butter bei kleiner Hitze schmelzen und streichst die Gugelhupfform

Das-Kind-geht-aus-dem-Haus-**KOCHBUCH**

damit so aus, dass wirklich alles gut mit Fett bedeckt ist. Bedenke, dass der Gugelhupf an allen Stellen, die nicht oder schlecht eingestrichen sind, beim späteren Stürzen vermutlich hängenbleiben wird.

■ Du füllst ein Drittel (wenn du im Gugelhupf mehr Kakaoanteil haben möchtest) oder die Hälfte des Teiges in die Form. In den Rest siebst du den Kakao durch ein kleines Teesieb hinein und gießt einen mehr oder weniger kräftigen Schuss Rum zu. Du rührst mit dem Schneebesen einige Male durch.

■ Nun füllst du den restlichen Teig in die Form. Du nimmst einen Kochlöffel zur Hand und fährst mit dem Stiel wellenartig einmal rundum so durch den Teig, als ob du ihn schneiden wolltest. Dadurch entsteht das für einen Marmorgugelhupf typische Muster.

■ Du streichst den Teig mit einer Teigkarte glatt und schiebst die Form auf der mittleren Schiene ins heiße Backrohr.

■ Jetzt hast du ca. 55–60 Minuten Zeit, die Küche wieder sauber zu machen. Danach wirfst du mal einen Blick auf deinen Gugelhupf. Damit du überprüfen kannst, ob er wirklich schon fertig ist, stichst du mit einem Spießchen (für Schaschliks o. ä.) möglichst bis in die Mitte und ziehst es wieder heraus. Bleibt Teig daran hängen, so musst du noch etwas warten, wenn nicht, dann ist der Gugelhupf fertig.

■ Du nimmst den Gugelhupf heraus und lässt ihn auskühlen, bis er nur mehr warm ist und du die Form problemlos angreifen kannst. Dann lockerst du mit einer runden Messerspitze den Teig rundum etwas und stürzt den Gugelhupf auf einen Teller. Du ziehst die Form vorsichtig ab und bestreust ihn mit Staubzucker.

DAZU PASST: geschlagenes Schlagobers und eine Tasse Kaffee oder heiße Schokolade

Foto vorherige Doppelseite

ACH, WAS ICH DIR NOCH SAGEN WOLLTE …

Wenn du auf den Kakao verzichtest, kannst du auch Rosinen in den Teig geben. Mitunter kann es vorkommen, dass das Backpulver so kräftig wirkt, dass der Gugelhupf auf der späteren Standfläche etwas aufbricht. Das ist aber kein Problem. Schneide die störenden Stellen vom ausgekühlten Gugelhupf einfach so weg, dass er gerade steht, und genieße die paar Kuchen-Reste, bevor die Gästeflut über dich hereinbricht.

Was mache ich, wenn mir der Gugelhupf misslingt oder sitzen bleibt?

Vor allem ruhig bleiben! Den meisten Mehlspeistigern schmecken sitzen gebliebene Kuchen ohnehin bestens, weil sie ja saftig sind. Willst du ihn dennoch nicht servieren, so schneide den Gugelhupf in Scheiben. Dann machst du einen Vanillepudding, lässt diesen fast ganz stocken und schichtest in einer Schüssel abwechselnd Kuchen, Vanillepudding und vielleicht auch Rosinen sowie gehackte Nüsse ein. Das Ganze garnierst du mit Schlagobers und servierst es – am besten auch noch mit Schokosauce – als Somloer Nockerln (sprich: Schomlauer), einer echten ungarischen Delikatesse.

Pinien-Haferflocken-Chips

Die süße Verführung zu einer Tasse Kaffee oder einem Glas Wein

ZUTATEN FÜR CA. 30 STÜCK

- 50 g Pinienkerne
- 1 EL Vollkornmehl
- 100 g Haferflocken
- 100 g Butter
- 1 Ei
- 100 g brauner Zucker
- 1 KL Vanillezucker
- Backpapier oder Butter für das Backblech

ZUBEREITUNG

■ Zuerst streust du die Pinien auf ein Schneidbrett und hackst sie in möglichst kleine Stückchen.

■ Dann lässt du in einem kleinen Topf die Butter langsam schmelzen und röstest die Haferflocken bei nicht zu großer Hitze langsam an. Vom Herd nehmen und abkühlen lassen.

■ Inzwischen heizt du das Backrohr auf 180 °C vor. Du rührst das Ei in einer Schüssel gemeinsam mit dem braunen Zucker und dem Vanillezucker einige Minuten schön schaumig.

■ Du rührst Haferflocken, Pinien und Mehl ein.

■ Lege ein Backblech mit Backpapier aus oder bestreiche es mit flüssiger Butter.

■ Nun setzt du mit 2 kleinen Löffeln wirklich kleine Häufchen möglichst weit auseinander auf das Backpapier. (Wenn die Kekse heiß werden, fließen sie auseinander!) Am besten bäckst du die Kekse in zwei Raten, damit du sie weit genug auseinander setzen kannst.

■ Du schiebst das Blech auf der mittleren Schiene ins heiße Rohr und lässt die Kekse ca. 8–10 Minuten backen, bis sie an den Rändern leicht braun werden.

Irenes Bratäpfel

Dieses Rezept – wie auch einige andere – verdanke ich einer lieben Freundin meiner älteren Tochter, die speziell auf gesunde Ernährung großen Wert legt. Bei ihren Koch-Meetings basteln die beiden zu nachtschlafener Zeit an wunderbaren Kuchen oder gesunden Broten, die ich oftmals zum Frühstück probieren durfte. Dieses Rezept sollte allerdings gleich vor Ort verkostet werden!

ZUTATEN
FÜR 4 ÄPFEL

4 große, säuerliche und mehlige Äpfel
1 Säckchen (200–250 g) Rosinen
1–2 Stamperl Rum zum Einweichen
1/2 Säckchen Mandelstifte
12–16 Gewürznelken
Vanilleeis zum Garnieren

ZUBEREITUNG

■ Bereits einige Stunden, bevor du wirklich beginnst, lässt du die Rosinen in einer kleinen Schüssel mit mehr oder weniger Rum ziehen.

■ Dann stichst du mit einem Apfelausstecher oder einem langen, spitzen Messer das Kerngehäuse der Äpfel so aus, dass die Äpfel noch stehen können und rundum ganz bleiben.

■ Dann steckst du die Mandelstifte in die Äpfel, dass sie wie Igel aussehen. Um die obere Öffnung steckst du jeweils 3 bis 4 Gewürznelken.

■ Nun setzt du die Äpfel in eine passende Auflaufform, die du am besten vorher mit Backpapier ausgelegt hast, und füllst die marinierten Rosinen mit einem Stiellöffel oder schmalen Messer in die Öffnung.

■ Du stellst die Form ins nicht vorgeheizte Backrohr und bäckst die gefüllten Äpfel bei 200 °C etwa 20 Minuten.

■ Jetzt hebst du je einen Bratapfel auf einen Teller, setzt einen Löffel Vanilleeis daneben und servierst das Ganze rasch.

ACH, WAS ICH DIR NOCH SAGEN WOLLTE ...

Wenn du das Aushöhlen nicht schaffst, so halbiere die Äpfel einfach, entferne das Kerngehäuse und häufe die eingeweichten Rosinen auf die Äpfel auf.

Drinks, Drinks, Drinks

Klassische Cocktails und Drinks für jede Gelegenheit
Vom Melonenshake über Sangria bis zum grünen Punsch

Melonen-Shake
Natur pur

ZUTATEN

1 Melone (Zucker- oder Honigmelone, je nach Größe auch nur 1/2 Melone)
Spritzer Zitronensaft
ca. 1–2 KL Zucker
Vanilleeis nach Belieben
Minzeblätter als Dekor

ZUBEREITUNG

■ Zuerst halbierst du die Melone und schneidest sie so in Stücke, dass du das Fruchtfleisch von der Schale trennen bzw. die Melone schälen kannst.

■ Dann entfernst du alle Kerne, schneidest das Fruchtfleisch in gröbere Würfel und gibst es in den Standmixer. (Wenn du keinen Standmixer hast, so kannst du die Melonen auch mit dem Mixstab oder den Rührstäben eines Mixers zerkleinern.)

■ Jetzt fügst du den Zucker und Zitronensaft hinzu. So du Lust hast, kommt auch noch etwas Vanilleeis dazu.

■ Dann mixt du alles und gießt den Shake in Gläser.

■ Vor dem Servieren dekorierst du jedes Glas mit einem Minzeblatt.

Marzipan-Shake

Dieser reizvolle Milch-Shake zaubert einen Hauch Weihnachten ins Glas, auch wenn es draußen 30 Grad im Schatten hat.

ZUTATEN
FÜR 2 DRINKS

1 säuerlicher Apfel
ca. 300 ml kalte Milch
50 g Rohmarzipan
etwas Zucker
Schuss Zitronensaft

ZUBEREITUNG

■ Du schälst den Apfel, viertelst ihn, schneidest das Kerngehäuse heraus und schneidest ihn in kleinere Stücke.

■ Dann gibst du die Apfelstücke gemeinsam mit dem Marzipan, etwas Zucker, einem Schuss Zitronensaft und der kalten Milch in einen Standmixer und mixt alles kurz auf. (Du kannst diesen Shake auch mit dem Mixstab zubereiten.)

■ Du schmeckst nochmals ab, gießt den Shake in Gläser und servierst ihn jeweils mit einem Strohhalm.

ACH, WAS ICH DIR NOCH SAGEN WOLLTE …

Noch netter sieht dieser Shake aus, wenn du vor dem Mixen 2 kleine Apfelspalten zur Seite legst und diese dann auf den Glasrand steckst.

Frucht-Cocktail

Der Garten Eden in einem Glas

ZUTATEN
FÜR 2 DRINKS

2 Handvoll Himbeeren
1 großes Stamperl Himbeersirup
200 ml Ananassaft
100 ml Orangensaft (am besten frisch gepresst)
Minzeblätter zum Garnieren

ZUBEREITUNG

■ Du kühlst die Säfte gut ein und wäschst währenddessen die Himbeeren. Achte dabei darauf, dass die Himbeeren auch wirklich einwandfrei sind und sich keine kleinen Würmchen darin verkrochen haben.

■ Dann zerdrückst du die Himbeeren mit einer Gabel, oder – falls du die kleinen Kerne nicht im Cocktail haben möchtest – drückst sie durch ein Sieb.

■ Jetzt vermengst du das Himbeerpüree mit dem Sirup sowie den beiden Säften und rührst gut durch. (Das kannst du auch im Standmixer oder mit dem Mixstab machen.)

■ Du gießt den Cocktail in Gläser und garnierst diese mit Minzeblättern.

Hollersekt

ZUTATEN

Hollersaft (1–2 cl pro Glas)
Sekt zum Aufgießen

ZUBEREITUNG

■ Du kühlst den Sekt gut ein.
■ Dann gießt du in jedes Glas wenig (1–2 cl) Hollersaft ein und füllst mit kaltem Sekt auf.

ACH, WAS ICH DIR NOCH SAGEN WOLLTE ...

Als Hollersekt bezeichnet man oft auch die vergorene Mischung aus Zuckerwasser und Hollerblüten, die dann wie Sekt perlt.

Drinks, Drinks, Drinks

Rat & Tat
Die wichtigsten Tipps beim Öffnen einer Sektflasche

Sekt macht Stimmung. Aber nur dann, wenn er auch im Glas und nicht am Spannteppich landet. Damit dir das nicht passiert, im Folgenden einige Tipps.

- Zuerst bereitest du ein Sektglas und ein zwei- bis dreimal zusammengefaltetes Geschirrtuch vor.
- Du öffnest den Drahtverschluss, hebst ihn mitsamt der Manschette ab und legst das Tuch über den nunmehr blanken Stoppel.
- Nun drehst du den Korken vorsichtig in eine Richtung oder drückst ihn zwischen Daumen und Zeigefinger einmal links, einmal rechts sanft nach oben.
- Dabei HÄLTST du die Flasche unbedingt so VON DIR WEG, dass ein plötzlich hinausschießender Korken weder dich noch deine Freunde treffen kann.
- Du drehst oder drückst den Korken mit dem Daumen so lange sanft hin und her, bis er mehr oder weniger rasant in die Unabhängigkeit drängt.
- Jetzt schäumt auch vermutlich schon der Sekt hinaus und du schenkst gleich das erste Glas ein. Prost!

Bellini

Der Original-Bellini wurde 1948 in Venedigs berühmtester Bar, nämlich Harry's Bar, erfunden und wird dort bis heute aus dem Fruchtmark weißer Pfirsiche hergestellt. Das Pfirsichpüree gibt es zwar in Delikatessenläden zu kaufen, aber diese kostengünstigere Variante schmeckt auch nicht übel.

ZUTATEN

Pfirsichsaft
(2 cl pro Glas)
Sekt zum Aufgießen
1 Pfirsich als Dekor

ZUBEREITUNG

■ Du kühlst den Sekt gut ein. Inzwischen schälst du den Pfirsich, halbierst ihn und schneidest ihn in relativ dünne Scheiben oder Spalten.

■ Dann gießt du in jedes Glas etwa 2 cl Pfirsichsaft ein und füllst mit dem kalten Sekt auf.

■ Du steckst pro Glas eine Pfirsichspalte oder -scheibe auf den Glasrand und servierst den Drink.

Margarita

Ein bisschen Tex-Mex ins Glas – und schon ist Stimmung auf der Party.

ZUTATEN FÜR 1 DRINK

4 cl Tequila
2 cl Orangenlikör
(Cointreau etc.)
2 cl Limetten- oder Zitronensaft
Limetten- oder Zitronenspalte
Salz
Eiswürfel

ZUBEREITUNG

■ Du nimmst ein Glas zur Hand und streifst mit der Limettenspalte oben den Rand entlang, wodurch dieser befeuchtet wird.

■ Dann streust du Salz auf einen kleinen Teller und stürzt das Glas so hinein, dass der Rand nun mit Salz bedeckt ist.

■ Jetzt mischst du den Tequila mit Orangenlikör, Limettensaft und reichlich Eiswürfeln (am besten in einem Shaker).

■ Du gießt den Cocktail in das Glas und servierst ihn.

Echt starke Orangenbowle

ZUTATEN FÜR CA. 14–16 KLEINERE GLÄSER

- 2 Flaschen Sekt oder Prosecco
- 500 ml Inländer Rum
- 4 Orangen
- 6 Limetten (oder 2–3 Zitronen)
- 500 ml Orangensaft
- ca. 120 g brauner Zucker
- 1 Stück Ingwer mit 3 cm
- 1 Stamperl Grand Marnier (Orangenlikör)
- Eiswürfel zum Servieren

ZUBEREITUNG

■ Vor allem anderen kühlst du den Sekt und den Rum ein.

■ Dann presst du die Orangen und Limetten aus und erwärmst die beiden frisch gepressten Säfte gemeinsam mit dem fertigen Orangensaft. Du gibst den Zucker zu, rührst einige Male um, bis er sich aufgelöst hat, und stellst den Saft kalt (oder gibst einen Schwung Eiswürfel dazu).

■ Währenddessen hast du Zeit, den Ingwer zu schälen und sehr fein zu schneiden oder zu reiben. Du gibst den Ingwer gemeinsam mit dem Rum und Grand Marnier zu und lässt alles nochmals ca. 1 Stunde ziehen.

■ Dann gießt du mit Sekt auf und füllst die Bowle in Gläser. Nach Geschmack Eiswürfel zugeben und rasch servieren.

Orangenbowle ohne Reue

In der alk-freien Zone

ZUTATEN FÜR CA. 10–12 KLEINERE GLÄSER

- 3–4 Orangen
- 500 ml Mineralwasser
- 500 ml Kirschensaft
- 500 ml Orangensaft
- 500 ml Apfelsaft
- Eiswürfel

ZUBEREITUNG

■ Du sorgst dafür, dass alle Säfte sowie das Mineralwasser gut gekühlt sind.

■ Dann schälst du die Orangen, entfernst, so weit es geht, die weißen Fäden und schneidest die Orangen in kleine, mundgerechte Stücke.

■ Du vermischst in einem Krug oder Schale die Säfte miteinander, gibst die Orangen zu und gießt mit frischem Mineralwasser auf.

■ Du füllst die Bowle in Gläser und gibst jeweils Eiswürfel dazu.

Beeren-Bowle

Diese erfrischende Bowle ist im Handumdrehen zubereitet.

ZUTATEN FÜR CA. 6–8 KLEINERE GLÄSER

500 g frische Erd- oder Himbeeren (oder tiefgekühlt)
1 gekühlte Flasche Prosecco (Sekt)
Soda/Mineralwasser nach Belieben
Minzeblätter
Zucker nach Belieben
Eiswürfel

ZUBEREITUNG

■ Wenn du tiefgekühlte Beeren verwendest, so gib den Inhalt der Packung auf einen Teller und lass die Beeren bei Zimmertemperatur auftauen. Frische Beeren wäschst du, lässt sie abtropfen und schneidest mit einem kleinen Messer den Stielansatz weg. Zu große Erdbeeren schneidest du in mundgerechte Stücke.

■ Nun gibst du alle Beeren in einen Krug, zerreißt die Minzeblätter zwischen den Fingern und streust sie darüber. Du zuckerst die Bowle (wenig), gießt mit kaltem Sekt auf und verdünnst das Ganze entweder gar nicht oder mit etwas kaltem Soda- oder Mineralwasser. Eiswürfel zugeben und servieren.

■ Für eine alkoholfreie Variante ersetzt du den Prosecco durch etwas Beerensaft und Mineralwasser.

Foto nächste Doppelseite

Was mache ich, wenn der Sektkorken abbricht?

Du bittest jemanden, sich mit einem Tuch direkt zu dir zu stellen, und versuchst zuerst, den Korken mit einem Kochlöffelstiel in die Flasche hineinzudrücken. Aber Achtung: Wenn dir das gelingt, dann schwappt sicher etwas Sekt dabei aus der Flasche. Daher Tuch und so ... Gelingt das nicht, dann kannst du vorsichtig versuchen, den Stoppel mit einem Korkenzieher herauszuziehen. Aber auch hier: Tuch bereithalten und darauf gefasst sein, dass es plötzlich recht schnell gehen kann.

Sangria mal mit, mal ohne

Ob mit oder ohne Alkohol, Hauptsache es gibt genug Eiswürfel dazu!

ZUTATEN FÜR CA. 6–8 KLEINERE GLÄSER

1 Flasche guter! (s. u.) Rotwein (Rioja)
3–4 Orangen
1–2 Pfirsiche
2 Zitronen
1 kl. Dose Ananaswürfel
1 Stamperl Cognac oder Weinbrand
1 Stamperl Amaretto (Mandellikör) oder Cointreau (Orangenlikör)
ca. 100 g Gelierzucker (oder Feinkristallzucker)
Eiswürfel

FÜR DIE ALKOHOLFREIE VARIANTE

Statt Wein und Likör, roter Trauben- oder Beerensaft
1 Tasse schwarzer Tee
1 Zimtstange und einige Gewürznelken

ZUBEREITUNG

■ Zuerst kühlst du den Rotwein gut ein.

■ Dann schälst du die Orangen, teilst sie in Spalten und ziehst noch die weißen Fäden ab – soweit du Zeit und Lust hast. Dann schneidest du sie in kleine, mundgerechte Stückchen.

■ Du wäschst die Pfirsiche, halbierst sie, nimmst den Kern heraus und schneidest die Früchte ebenfalls in kleine Würfel.

■ Nun gibst du beides in eine Schüssel und mengst die Ananaswürfel mitsamt ihrem Saft dazu. Du presst die Zitronen aus und gießt den Saft dazu.

■ Jetzt kommen Cognac und Amaretto dazu und je nach Geschmack mehr oder weniger Gelierzucker (er löst sich besser auf und hat etwas Säure). Du deckst alles mit Klarsichtfolie ab und lässt es im Kühlschrank mindestens 1 Stunde ziehen.

■ Zum Schluss gießt du den gut gekühlten Rotwein dazu, rührst gut um und servierst die Sangria gemeinsam mit Eiswürfeln in passenden Gläsern.

ALKOHOLFREIE VARIANTE

■ Zuerst bereitest du eine Tasse Tee zu und stellst ihn ebenso kalt wie den Saft.

■ Du bereitest das Obst wie oben beschrieben vor und vermengst es in einer Schüssel.

■ Dann gibst du sehr wenig Zucker, Zimt sowie Nelken zu und lässt alles ebenfalls 1 Stunde kühl marinieren.

■ Du entfernst Zimtstange und Nelken und gießt mit dem kalten Saft und dem Tee auf.

Warum bekomme ich nach Bowle und Sangria so oft Kopfschmerzen?

Das kann mehrere Gründe haben. Zum einen wird, weil größere Mengen benötigt werden, oft billigster – pardon – „Fusel" verwendet. Das sind unsaubere Weine, die dem Körper schaden. Gerade da solltest du also auf eine Minimal-Qualität achten. Zum anderen merkst du aufgrund der vielen Früchte und der angenehm kühlen Trinktemperatur gar nicht, wie viel Alkohol du eigentlich trinkst. Ein dritter Grund kann sein, dass die Sangria einfach zu viel gezuckert wurde.
In jedem Fall ist es also wirklich ratsam, solche Drinks eher sparsam zu konsumieren und dazwischen viel, viel Wasser zu trinken. Das wirkt!

Grüner Punsch

Zur Abwechslung einmal eine andere Punsch-Spielart

ZUTATEN

- 1 l grüner Tee
- 1 Flasche Weißwein
- 1 kräftiger Schuss Rum
- 400 g Zucker
- 3 Orangen
- 2 Zitronen

ZUBEREITUNG

■ Du presst die Orangen und die Zitronen aus. Dann gibst du den Zucker in einen Topf und vermengst ihn mit dem heißen Tee, den beiden Säften und dem Weißwein. Du erhitzt alles ganz langsam, aber so, dass der Punsch nicht wirklich zu kochen beginnt.

■ Bevor du ihn servierst, rundest du ihn noch mit einem kräftigen Schuss Rum ab.

Drinks, Drinks, Drinks

Keine Angst vor Gästen

Das Einmaleins des lockeren Gastgebers
Von Tipps für die Vorbereitung über die richtige Menü-Zusammenstellung bis zur perfekten Weinauswahl

„Was, du hast bestanden? Das müssen wir feiern! Geh, schau doch einmal bei mir vorbei. Ich würd mich freuen!" Einladungen wie diese entschlüpfen einem schnell und gern. Speziell, wenn du dich zur geselligeren Spezies zählst, wirst du bald einmal ein erstes Dinner planen. (Außerdem gibt es natürlich auch noch romantische Gründe, jemanden zu einem festlichen Dinner einzuladen.) Was sich allerdings so locker vom Hocker sagt, entpuppt sich dann im Ernstfall nicht selten als purer Stress-Job. Getränke schleppen, putzen, kochen, vorbereiten … Ein logistischer Großaufwand! Damit du dabei nicht völlig ausrastest, anbei einige wertvolle Tipps, die dir das Leben vor und nach deiner Einladung leichter machen sollten.

Rat & Tat
Die 10 besten Tipps für eine gelungene Einladung

- Setze den Zeitpunkt für deine Einladung so an, dass du vorher genügend Zeit hast, gemütlich einzukaufen und zu kochen. Denk daran: ein gestresster Gastgeber ist ein schlechter Gastgeber!
- Überschätze deine Kochfertigkeit nicht, wenn du das Menü zusammenstellst. Unter Druck gelingen manche Dinge nicht so, wie man möchte. Wähle lieber „todsichere" Speisen, bei denen du sicher bist, dass sie gelingen.
- Wähle deine Speisen auch nach dem Gesichtspunkt aus, dass man möglichst viel vorbereiten kann und du dann nur kurz in der Küche werken musst. Du möchtest ja sicher nicht, dass dein Gast aus Langeweile zum Kreuzworträtsel greift.
- Versuche, deinem Gast bei einem „Vorgespräch" zu entlocken, was er gerne isst, gar nicht mag oder worauf er gar allergisch ist. Das kann dir peinliche Momente ersparen.
- Wenn du weißt, was du kochen wirst, stell dir eine genaue Einkaufsliste zusammen. Vergiss dabei nicht auf Tischschmuck wie Blumen oder Kerzen und Servietten. In Papiergeschäften gibt es sogar kleine Speisekarten zu kaufen, auf die du dann dein Menü schreiben kannst.
- Geh früh genug einkaufen und plane ein zeitliches Sicherheitspolster ein. Oft klappt etwas nicht gleich beim ersten Mal, und die Zeit rast dahin ...
- Musik im Hintergrund sorgt für lockere Stimmung. Überlege dir schon im Voraus, welche CDs du gerne spielen würdest. Wenn du den Musikgeschmack deines Gastes nicht kennst, so versuch einen Querschnitt durch deine Sammlung zusammenzustellen. Irgendetwas Passendes ist dann sicher dabei.
- Decke den Tisch rechtzeitig, am besten bevor du zu kochen beginnst. Später hast du in der Hektik vermutlich wenig Muße dazu.
- Beginn so früh zu kochen, dass du locker fertig bist, auch wenn dein Gast möglicherweise 15 Minuten zu früh kommt. Und kalkuliere ebenso mit ein, dass er 30 Minuten später kommen könnte. Das gilt für Bratenstücke ebenso wie für À-la-minute-Gekochtes.
- Wenn es dich nicht stört, lade deinen Gast ruhig ein, mit in die Küche zu kommen und dir ein bisschen zu helfen. Das schafft eine ungezwungene Atmosphäre und lockert die Stimmung auf.

Tischlein deck dich!

Keine Frage, das Auge isst mit. Aber es geht auch ganz ohne teuren Damast und raschelnde Seide. Mit ein bisschen Einfallsreichtum und Know-how lässt sich mit einfachsten Mitteln ein perfekt gedeckter Tisch zaubern.

Tischtuch oder nicht? Diese grundsätzliche Entscheidung musst du zuallererst treffen. Wenn dein Tisch eine solide Holzplatte besitzt, kannst du dich ohne weiteres für nette Sets oder puristisches Nichts entscheiden. In diesem Fall wirst du dich dann beim Tischschmuck etwas mehr ins Zeug legen müssen. Entscheidest du dich für die Tischtuch-Variante, so wähle am besten ein möglichst neutrales aus, das nicht zu unruhig wirkt. Dann stellst du auf jeden Platz einen Teller. Das macht bereits beim ersten Hinschauen einen netten Eindruck, der Gast fühlt sich willkommen. (In feinen Restaurants nennt man das übrigens **„Platzteller",** der meist vor der Vorspeise abgeräumt wird.)

Keine Angst vor Gästen

Vielleicht servierst du ja die Vorspeise auf einem großen Teller in der Mitte, dann kann man diesen Teller gleich benützen. Hast du dafür keine Verwendung, so räum ihn einfach nach dem Aperitif ab.

Nun legst du das **Besteck** auf. Beginnt dein Menü mit Suppe, so legst du zuerst das Messer und dann den Löffel rechts neben den Teller. Die Gabel platzierst du links neben den Teller. Servierst du eine Vorspeise, so legst du links neben den Teller zwei Gabeln, rechts neben den Teller zwei Messer hin. In Restaurants deckt man für die Vorspeise außen immer kleinere Messer und Gabeln ein.

Damit du immer weißt, zu welchem Besteck du greifen solltest, ein einfacher Tipp: Man isst sich immer **von außen nach innen.** Also außen Vorspeisenbesteck, innen normales Besteck! Für das Dessert legst du einen kleinen Löffel und/oder eine kleine Gabel an den oberen Rand des Tellers. Hast du Lust, zur Vorspeise auch Gebäck und Butter, ein so genanntes „Gedeck", zu reichen, so könntest du auch noch links hinter dem Teller einen kleinen Teller **(Gedeckteller)** mit einem darübergelegten Messer aufdecken.

Nun kommen die Gläser an die Reihe. Du stellst sie auf der rechten Seite hinter den Teller. Bietest du auch Wein an, so solltest du ein Glas für den Wein und eines für Wasser locker hintereinander eindecken. Willst du ganz nach Etikette servieren, so nimmst du für Weißwein ein Glas mit kleinerem Kelch, für Rotwein eines mit größerem. Bier schenkst du in ein Bier- oder Wasserglas, keinesfalls aber in ein kelchartiges Weinglas ein.

Jetzt fehlen nur mehr die **Servietten.** Du kannst sie einfach zu einem Dreieck zusammenlegen und rechts neben das Besteck legen, oder aber je nach Kreativität kunstvolle Gebilde aus ihnen falten und direkt auf den Teller platzieren.

In die Tischmitte könntest du jetzt noch **Blumen, Tischschmuck oder Kerzen** geben. Als Tischschmuck kannst du etwa sauber gewaschene Muscheln oder Steine, Glasperlen oder selbst gepflückte Gräser verwenden. Als Blumenschmuck eignen sich kleine Topfpflanzen oder Blumen, wobei du keine zu stark duftenden Pflanzen, die womöglich das Aroma deiner mühsam gekochten Speisen übertönen, wählen solltest. Was die Dimension des Blumenarrangements betrifft, so liegt die wahre Größe in der Beschränkung. Nichts ist unangenehmer als mit dem Gegenüber – womöglich ohne Blickkontakt – durch einen Blätterwald sprechen zu müssen. Gleiches gilt übrigens auch für Kerzen. Hier ist weder zu Duftkerzen noch zu gigantomanischen Kandelabern zu raten.

Speis und Trank
Das perfekte Menü und was man dazu trinkt

Kochen können ist eine Sache. Ein gelungenes Menü zusammenzustellen eine andere. Ein perfektes Mahl soll nicht langweilig sein, soll nicht zu schwer sein, soll auf Geschmacksvorlieben Rücksicht nehmen, soll Abwechslung in den Zutaten bringen, soll in sich logisch abgestimmt sein, soll, soll, soll … Damit dein Menü nicht zur Soll-Bruchstelle wird, im Folgenden einige Ratschläge für eine optimale Speisenfolge und deren flüssige Begleitung:

Gedeck: Zu Beginn servierst du frisches Brot oder knuspriges Gebäck sowie Butter oder Aufstrich (Kräuter-, Topfen-, Eiaufstrich). Besonders nett sieht es aus, wenn du den Aufstrich in ein kleines Förmchen oder eine Schale füllst. Dazu bietest du einen Aperitif an, etwa frisch gepressten Orangensaft, Tomatenjuice, Prosecco oder einen „Pfiff" (kleines Glas) Bier.

Vorspeise: Dann beginnst du mit einer Suppe oder einem leichten, kleinen Gericht, das von den Zutaten her dem Hauptgericht allerdings nicht zu ähnlich sein sollte. Wenn es danach Huhn gibt, empfiehlt sich also zuvor etwa ein kleines Fisch- oder Gemüsegericht. Wenn es danach Wiener Schnitzel gibt, solltest du keine gebackenen Champignons servieren. Die Vorspeise kann, muss aber keineswegs warm sein. Vielleicht ein bunter Salat-Teller mit einer netten „Draufgabe" wie geräucherter Fisch, ein Sülzchen oder Schinken. Das macht nicht viel Arbeit, schmeckt und ist gesund. Oder ein kleines Pastagericht mit feinen Nudeln und ebensolchem Sugo. Achte in jedem Fall darauf, dass die Vorspeise so dimensioniert ist, dass man danach auch noch Appetit auf Hauptgericht und Dessert hat. Dazu bietest du am besten einen leichten, trockenen Weißwein an.

Zwischengericht: In Restaurants wird im Rahmen eines mehrgängigen Menüs (Degustationsmenü) meist auch ein Zwischengang serviert. Dafür eignen sich vor allem kleine, warme Fischgerichte, Risottos, Nudeln, aber auch kleine Gemüsegerichte. In diesem Fall sollte die Vorspeise allerdings kalt sein oder eine Suppe serviert werden. Dazu passt ein leichter Weißwein.

Hauptspeise: Ob du Fisch, Fleisch, Nudeln oder Gemüse wählst, sollte nicht zuletzt von den Geschmacksvorlieben deiner Gäste abhängen. Musst du vegetarische und nicht-vegetarische Geschmäcker zufriedenstellen, so wähle ein Gericht, bei dem du das Fleisch fallweise einfach weglassen kannst, ohne dass das Gericht zu langweilig wird. Statt der Schweinsmedaillons zum cremigen Spargelrisotto servierst du ein paar Spargelstangen extra, den Gemüse-Wok servierst du einmal mit und einmal ohne Fleischeinlage. Auch hier solltest du Rücksicht auf die vorherigen Speisen nehmen und die wichtigsten Grundzutaten nicht mehr wiederholen. Ratsam ist es auch, ein Gericht auszusuchen, bei dem du schon viel vorbereiten kannst, damit du nicht zu lange in der Küche verschwinden musst.

Zu Fischgerichten empfiehlt sich ein nicht zu voller Weißwein, bei Geflügel, Kalb- oder Schweinefleisch kann es auch ein voller Weißwein sein. Zu Lamm, Rind oder Wild trinkt man klassischerweise Rotwein (siehe folgende Seiten). Allerdings hat sich in letzter Zeit auch unter Gourmets die Meinung behauptet, dass eigentlich alles erlaubt ist, was schmeckt. Also ein leichter Rotwein zur Forelle? Warum nicht.

Käse oder Dessert: Bei den Franzosen schließt erst der Käse den Magen. Hartgesottene frankophile Feinschmecker erfreuen sich also nach einem süßen Happen durchaus noch an Camembert & Co. Ob du dich nun nur für ein süßes Dessert oder ein bisschen Käse davor oder danach entscheidest, bleibt dir überlassen. Solltest du Käse servieren wollen, so nimm ihn (außer Frischkäse) unbedingt 1–2 Stunden vorher aus dem Kühlschrank! Kalter Käse kann sein Aroma nicht entfalten. Garniere den Käseteller mit Weintrauben, Apfelspalten, Walnüssen oder Kürbiskernen! Das sieht nicht nur gut aus, sondern schmeckt auch super. Brot darf freilich auch nicht fehlen. Ein Glas Rotwein dürfte da wohl am besten dazu passen. Fällt deine Wahl auf ein süßes Dessert, so kannst du entweder einen süßen Weißwein (Achtung: Billige verursachen oft Kopfschmerzen, gute sind sehr teuer!) oder gleich eine Tasse Kaffee anbieten. Ein kleines Verdauungs-Schnäpschen danach mag dem ein oder anderen satten Gast vielleicht gelegen kommen.

Wasser: Als Dauerbegleiter durch das ganze Menü sollte stets Wasser auf dem Tisch stehen, sei es nun in Form von Mineral- oder Leitungswasser. Achte dabei darauf, dass du Leitungswasser öfter mit frischem, kalten Wasser nachfüllst, denn altes, abgestandenes Wasser schmeckt fad.

Kleines Wein-Lexikon

Wissenswertes rund um den Wein, mit dem du auftrumpfen kannst

Wasser predigen und Wein trinken – das tun viele. Nach der Lektüre der folgenden Zeilen solltest du allerdings locker über Wein predigen können – selbst bei einem Glas Wasser.
Wie du dieses theoretische Wissen dann in die Praxis umsetzt, ist wieder eine andere Sache, nicht zuletzt eine Frage des Budgets. Vermutlich machst du dir jetzt noch gar nicht viel aus Wein, trinkst, wenn überhaupt, entweder Rot oder Weiß, manchmal vielleicht einen G'spritzten. Im Laufe der Jahre wirst du allerdings sicher Vorlieben für gewisse Weinsorten entwickeln, andere wiederum gar nicht mögen.
Bis dahin möchte ich dir nur einen Rat geben: Kauf nicht unbedingt den billigsten Wein, hüte dich vor Tetrapak-Weinen und ersteh kein Sonderangebot mit 4 Litern Wein um 3 Euro. Das ist in 9 von 10 Fällen billigste Massenware, die mit ernsthafter Winzerarbeit nur mehr sehr am Rande zu tun hat und deiner Gesundheit schadet. Lieber eine Flasche weniger kaufen, dafür von einem etwas besseren Wein. Und bitte erlieg nicht dem Trugschluss, dass es bei einem G'spritzten, also einem mit Mineralwasser gemischten Wein, ohnehin egal ist, ob du einen Fusel zu dir nimmst oder nicht. Du wirst am nächsten Morgen merken, dass das nicht stimmt. Dieser Ratschlag gilt übrigens auch und ganz besonders für süße Weine. (Du findest auf jedem seriösen Weinetikett den Hinweis, ob der Wein trocken, halbtrocken oder süß ist.) Qualitätsvolle Süßweine sind einfach nicht billig, weil die Zahl der für eine Flasche verwendeten Trauben wesentlich höher ist als bei trockenem Wein.
Dennoch gibt es gerade in Österreich auch viele Weine, die Herz und Gaumen erfreuen und dabei auch für kleinere Brieftaschen durchaus leistbar sind. In jedem Falle gilt die Regel: Lieber etwas teurere Qualität genießen, als billigen Fusel reinschütten. In diesem Sinne: Prost!

Abgang
Ob ein Wein einen langen oder kurzen Abgang hat, hängt davon ab, wie lange du ihn nach dem Hinunterschlucken noch am Gaumen „nach-schmecken" kannst. Kunstvoll gekelterte (und daher auch meist etwas alkoholreichere) Weine haben einen langen Abgang, leichte, unkomplizierte Weine einen kurzen.

Barolo und Barbaresco
Italienische Top-Rotweine aus dem Piemont, die unglaublich voll, schwer und alkoholträchtig sind.

Barrique
Weine, die „in Barrique ausgebaut" werden, reifen in teuren Eichenfässern heran und kosten dementsprechend. Du kannst solche Weine an einem mehr oder weniger starken Holzton im Geschmack erkennen. Durch neue Technologien (Barrique-Chips) kann man diese Geschmacksnote allerdings auch künstlich erzielen.

Blauburgunder (Pinot Noir, Pinot Nero)
Rotweine, die besonders rund schmecken, hocharomatisch duften und einen zarten Bittermandelton haben.

Blaufränkischer
Kräftiger Rotwein mit leichter Säure.

Bordeaux
Französisches Weinbaugebiet, das als das beste der Welt gilt. In den so genannten Châteaux (Weingütern) in Médoc, Saint-Emilion, Pomerol und Graves werden Rotweine gekeltert, die zu Spitzenpreisen gehandelt werden. Diese Spitzen-Winzer könntest du dir merken: Lafite-Rothschild, Latour, Margaux, Mouton-Rothschild, Petrus und Pichon-Lalande.

Brunello di Montalcino
Italienische Rotweine aus der Toskana, die in allen Belangen ganz vorne liegen.

Bukett
Nichts anderes als der Duft des Weines. Den kannst du allerdings nur dann erschnuppern, wenn du den Wein in ein Glas mit breiter Öffnung einschenkst. Wein-Profis übertreffen sich dabei mit den kuriosesten Begriffen, „Duftet nach Zigarrenkiste, Leder, Asche" etc.

Burgund
Ob Bordeaux oder Burgund Weltmeister ist, ist Ansichtssache. Fakt ist, dass aus dem Weinbaugebiet im Nordosten Frankreichs Spitzenweine kommen. Drei der besten weißen: Chablis, Montrachet und Meursault, drei der besten roten: Chambertin, Volnay, Romanée-Conti.

Cabernet-Sauvignon
Die „Leitsorte des Bordeaux" ist ein voller, kräftiger, nach Johannesbeeren duftender Rotwein, der heute in allen großen Rotweinländern der Welt (auch in Österreich) mit großem Erfolg angebaut wird.

Chardonnay (Morillon)
Die klassische Weißweinrebe der Bourgogne erinnert mit ihrem kräftigen, mandeligen Aroma oft an Bananen und exotische Früchte. Du kennst ihn vielleicht, da er in letzter Zeit speziell bei jungen Damen extrem beliebt ist. Was ihm bei manchen das Etikett „Tussi-Wein" eingebracht hat. Zu Unrecht, wie ich meine.

Chianti
Italienischer Rotwein aus der Toskana, der in der Topliga (Antinori, Castello di Rampolla u.v.a.) das ziemlich exakte Gegenteil eines Pizzeria-Weins ist. Spricht sich übrigens „Kianti" aus, bitte nicht „Tschianti".

Cuvée
Verschnitt, du kannst auch Mischung sagen, aus verschiedenen bereits im Fass oder im Stahltank vergorenen Weinen, die dann oft genug einen Top-Wein ergeben. Hat nichts mit Panscherei zu tun, da dahinter (ähnlich wie beim Saucenkochen) viel Mühe und Geschmackssinn steckt.

Dekantieren
Besonders kräftige (teure) Rotweine, aber auch sehr gehaltvolle Weißweine, sollten, bevor sie getrunken werden, in eine Karaffe umgegossen werden, um ihnen „Luft zum Atmen" zu geben. Sonst kann der Wein sein Aroma nicht entfalten und schmeckt „verschlossen". In der Flasche bleibt dabei der Bodensatz zurück, den man Depot nennt.

Eiswein
Süßwein, der aus gefrorenen Trauben gekeltert wird.

Grüner Veltliner
Fruchtig-leichter österreichischer Wein, meist aus der Wachau und deren Umland und dem Weinviertel, mit angenehmer Säure und dem typischen „Pfefferl"-Aroma. In Einzelfällen können Grüne Veltliner jedoch auch machtvolle Weißweine von Weltgeltung sein.

G'spritzter, Spritzer
Wein, der mit Mineralwasser 1:1 gemischt wird.

Korkgeschmack
Wenn der Wein genauso schmeckt, wie der Kork riecht, dann ist er fehlerhaft. Er „korkt". Im Restaurant kannst du ihn zurückschicken, zu Hause machst du am besten ein Huhn in Weinsauce daraus, weil der Korkgeschmack im Laufe des Dünstens verschwindet.

Merlot
Der klassische Gefährte des Cabernet-Sauvignon aus der Bordeaux-Cuvée kann auch für sich allein genommen starke Auftritte haben (z. B. im weltberühmten Château Petrus).

Müller-Thurgau
Ein säurearmer, nach Muskat duftender Weißwein.

Muskateller
Der oft auch „Nasenwein" oder „Parfumwein" genannte Weißwein aus der Muskatellerrebe wird sowohl duftig, leicht und trocken (vor allem in der Steiermark) als auch süß (leider oft als Billigwein) ausgebaut.

Muskat-Ottonel
Weißweinrebe mit Muskatbukett von milder, säurearmer Würzigkeit, dafür mit intensivem Fruchtaroma.

Neuburger
Mild-bekömmlicher Weißwein aus der Burgunderfamilie, der mitunter nach Honig, oft aber auch angenehm nussig schmeckt.

Önologe
Das ist ein Wein-Auskenner, der sich professionell, meist in großen Weingütern, mit dem Wein-An- und -ausbau beschäftigt und häufig auch den Stil eines großen Weinhauses prägt.

Das-Kind-geht-aus-dem-Haus-**KOCHBUCH**

Oxidativ
Wenn du einen Wein trinkst, der kein Sherry ist, aber so schmeckt, dann ist er oxidativ und somit fehlerhaft. Wegschütten.

Riesling
Beliebte Weißweinrebe, die im Geschmack an Pfirsiche oder Marillen erinnert. Die besten kommen aus der Wachau, dem Elsass und dem Rheingau.

Rioja
Rote Top-Weine aus dem spanischen Ebro-Hochland. Spricht man übrigens „Riocha" aus.

Restsüße
Das ist jener Rest an Zucker, der nach der Gärung im Wein bleibt und auch zu schmecken ist.
Merke: Wo Restzucker ist, dort sollte auch Säure sein, sonst wird's fad.

St. Laurent
Samtiger bis kräftiger, vorwiegend in Österreich gebräuchlicher Rotwein.

Sauvignon Blanc
Beliebter, hocharomatischer Weißwein, der in Österreich auch als Muskat-Sylvaner bezeichnet wird und im Geschmack an grünen Paprika, schwarzen Pfeffer und Holunder erinnert.

Schilcher
Steirischer Wein aus der Blauen Wildbacher-Rebe, der leicht rosé schillert (daher der Name) und den typischen säuerlich-fruchtigen Geschmack der weststeirischen Böden besitzt, den man mögen muss.

Spätlese
Weine mit höherer Restsüße, die aber auch noch trocken ausgebaut sein können.

Traminer
Voller, kräftiger Weißwein, der im Duft an Rosen erinnert und sowohl trocken als auch süß schmecken kann.

Trockenbeerenauslese
Wein, der aus jenen Trauben gekeltert wird, die der Winzer so lange am Stock hängen lässt, bis sie von „Edelfäule" (Botrytis) befallen werden und auf die Größe einer Rosine schrumpfen. Schmeckt dadurch recht süß und braucht daher auch als Gegengewicht viel Säure.

Uhudler
Wein, der nur in der Steiermark und im südlichen Burgenland wächst und einen ganz typischen, säuerlichen Geschmack besitzt. Scherzhaft auch als „Heckenklescher" bezeichnet.

Weißburgunder
Der „kleinere Bruder" des Chardonnay bringt gerade in Österreich immer wieder finessenreiche, duftig-kräftige Kreszenzen mit leichtem Mandelaroma hervor.

Welschriesling
Fast immer sehr leichter Weißwein mit fruchtigem Aroma und mitunter recht dominanter Säure.

Zweigelt
Angenehmer, in Österreich entstandener und auch sehr beliebter Rotwein, der teils recht fruchtig, teils auch ein bisschen herb sein, aber auch zu einer wahrhaft großen Kreszenz heranwachsen kann.

Ein herzliches Dankeschön ...

... dir liebe Leserin, lieber Leser, dass du meinen Ausführungen bis an diese Stelle gefolgt bist. Doch ich hoffe, dass sich die Mühe ein bisschen gelohnt hat, du Gusto auf das spannende Projekt „Kochen" bekommen hast und dir deine künftigen kulinarischen Abenteuer zu deiner und zur Zufriedenheit deiner Gäste gelingen mögen.

Danken möchte ich aber auch meiner Familie, die mich durch alle Stadien dieses Buchprojektes bereitwillig unterstützt hat. Allen voran meinen beiden Töchtern Helene und Ruth, die bei der Rezeptauswahl Wesentliches beigetragen haben. Sie verstehen nicht nur Feste zu feiern, sondern ihren Freunden auch deren „geheimste" Rezepte abzutrotzen. Dieselbe Hartnäckigkeit haben sie allerdings auch gezeigt, wenn es darum ging, Rezepte und Formulierungen, die ihnen gegen den Strich gingen, aus dem Manuskript „hinauszumobben". Letztlich hatten sie immer Recht!

Ein großes Danke an meinen Mann, der sich geduldig Abend für Abend über das Gedeihen und Fortschreiten dieses Buches informieren und so manchen nützlichen Hinweis – speziell in Sachen Weinbeschreibung – einfließen ließ.

Nicht zuletzt danken möchte ich noch meiner Mutter. Du wirst dich vielleicht fragen, was sie mit dem Buch zu tun hat? Hat sie auch nicht direkt. Indirekt jedoch sehr wohl: Hat sie mich doch als unwissendes Mädchen am Herd so manchen Flop bauen lassen, ohne dabei gleich die Fassung zu verlieren. Ein Vertrauensvorschuss, der mir bis heute die Freude am Kochen erhalten hat. Und genau dasselbe wünsche ich dir!

Alphabetisches Register

Arme Ritter 94
Aromen mit Pfiff 82 ff.
Avocadococktail mit Shrimps 98
Azteken-Schokolade mit Chili,
　heiße 55

Backhenderl 153
Beeren-Bowle 167
Beerenpüree s. Malakoff-Nockerln
Bellini 165
Bierlipperl 123
Big Brunch mit Bratwürstchen und
　englischen Bohnen auf Toast 44 f.
Blätterteig-Schnecken, pikante, auf
　zweierlei Art 124 f.
Blitz-Schoko-Croissant 50
Bloody Mary 46
Bratenkunde (Basic-Rezept) 116
Brathuhn s. Braten-Basic-Rezept
Bratkartoffeln 130
Bratwürstel 77
Brunch 45
Butterbrot, klassisches,
　mit Schnittlauch 57

Caprese-Salat 70
Champignon-Reis 106
Chicken Wings mit Mais-Chili-Topf
　und Bratkartoffeln 112 f.
Couscous 20, 85, 102 f.
Cremesuppen 101
Croissant 50
Croque Monsieur 42
Curry-Fischfilet mit Zucchini-Tomaten-
　Gemüse und Couscous 102 f.

Dinkel-Palatschinken mit Ahornsirup
　48

Eier aufschlagen 37
Eier kochen (Basic-Rezept) 36
Eier, weich gekochte 35
Eier-Frischetest 35
Eierspeis', Wiener 37
Eierspeis-Brot 80
Einkaufen 14 f.
Einladungen planen 174
Eintropfsuppe, böhmische 76 f.
Ente, gebratene s. Braten-Basic-
　Rezept

Faschierte Laibchen s. Hamburger,
　Alt-Wiener
Feigen mit griechischem Joghurt 52
Filterkaffee 52 f.
Fingerbowle 113
Fleischbällchen, indische 128 f.
Frittata 72
Frittaten 49, 147
Frucht-Cocktail 163
Frühstück, Wiener, mit weich
　gekochtem Ei 34
Frühstücks-Tipps 43

Gemüse-Wok mit Hühnerfilet
　und Reis 104 f.
Gemüse-Wok mit Tofu 105
Gnocchi 90, 93
Gurkensalat 146
Gurkensalat, indischer 133 f.

Ham and Eggs mit Vitalgemüse 38 f.
Hamburger, Alt-Wiener 66 f.
Heiße Liebe auf exotische Art 107
Hollersekt 163

Irenes Bratäpfel 159

Kaffee kochen 52 f.
Kaiserschmarren 95
Karotten-Sojasprossen-Salat,
 süß-saurer 64 f.
Kartoffelgratin 117 f.
Kartoffeln kochen (Basic-Rezept) 130 f.
Kartoffelpüree 119, 130
Kartoffelsorten 119
Käse-Sandwich 62
Käsetoast 79
Katerfrühstück mit „jungfräulicher
 Bloody Mary", Zwiebel-Hering und
 Saurer Wurst 46
Kirschtrüffeln, weiße 143
Kräuteraufstrich 33
Küchengeräte 22 ff.
Kürbiscremesuppe, samtige,
 mit Croûtons 100 f.
Kürbiskern-Schnitzerl mit
 Petersilkartoffeln 152 f.

Lachs-Carpaccio mit Selleriechips 108 f.
Lagerung von Lebensmitteln 17 ff.
Lammkoteletts mit Kartoffelgratin
 und Speckfisolen 117 f.

Mais-Chili-Topf 112 f.
Malakoff-Nockerln mit
 Beerenpüree 142 f.
Margarita 165
Marmelade-Palatschinken 49
Marmorgugelhupf 156 f.
Marzipan-Shake 162
Melanzani-Fleisch-Eintopf 85
Melanzani-Zucchini-Gemüse,
 orientalisches, mit Couscous 85
Melonen-Shake 161
Menüfolge 173 ff.
Minestrone 138 f.
Mitternachts-Minestrone 138 f.
Muscheltopf in Weißwein-Tomaten-
 sauce mit Knoblauch-Toast 149 f.

Müsli, schnelles 51

Nudeln kochen (Basic-Rezept) 72 f.
Nudeln zu weich gekocht? 72
Nudel-Salat, mediterrraner, mit
 Prosciutto 70 f.

Orangen-Bowle ohne Reue 166
Orangen-Bowle, echt starke 166
Orangen-Grapefruitsaft,
 handgepresster 53

Palatschinken 48 f.
Palatschinken backen 49
Paprika-Leberkäse-Salat
 mit Glasnudeln 134 f.
Party planen 127
Party-Pizza 126 f.
Petersilkartoffeln 119, 130
Pinien-Haferflocken-Chips 158
Pizza 126 f.
Pommes frites 131
Power-Weckerl 58
Punsch, grüner 171

Radieschen-Gurken-Carpaccio mit
 Räuchermakrele und Dilljoghurt 75 f.
Raita s. Gurkensalat, indischer
Rehrücken, Omis 139 f.
Reis kochen (Basic-Rezept) 106
Reis, gebratener 92
Reispfanne, schnelle 92
Rindsuppe mit Kräuter-Frittaten 147 f.
Risipisi 106
Risotto 106
Rührei mit Speck auf Vollkorntoast 36 f.

Saiblingsstreifen, gebratene, auf
 Vogerlsalat mit Ingwer-Marinade
 und Brotchips 145 f.
Salat-Marinade s. Saiblingsstreifen
 auf Vogerlsalat

Alphabetisches Register

Salzkartoffeln 130
Sangria, mal mit, mal ohne 170
Saure Wurst 46
Schinken-Curry-Baguette 61
Schinkentoast 79
Schnee schlagen 141
Schokolade schmelzen 140
Schokolade, heiße 55
Schokomousse-Nockerln mit
   Himbeeren 120
Schweinsbraten s.
   Braten-Basic-Rezept
Sektflasche öffnen 164
Somloer Nockerln 158
Spaghetti aglio e olio 90
Spaghetti all' arrabbiata 90
Spaghetti alla bolognese 86 f.
Spaghetti Carbonara 90
Speck-Basilikum-Gnocchi 93
Speckfisolen 117 f.
Spezialtoast 78 f.
Spiegeleier mit Lachs 39
Spinatpastete 132 f.
Strammer Max 80
Studenten-Frühstück, russisches 35
Sugo alla bolognese 86, 111
Sugo- und Pesto-Tricks 90 f.
Süßkartoffel-Salami-Tortilla 81

Tee kochen (Basic-Rezept) 54
Thunfisch-Tramezzini 64
Tiefkühlen 21
Tipps für Brötchen-Snacks 59 f.
Tipps für einen klaren Kopf 47
Tipps vor dem Kochen 10 f.
Tisch decken 175 f.
Toast angebrannt? 79
Toast Lucullus 110
Toast s. Spezialtoast und
   Croque Monsieur
Tofu-Steaks 103
Tomatensalat 146
Tortilla s. Süßkartoffel-Salami-
   Tortilla
Tramezzini 59
Tramezzini-Doppeldecker 63

Vogerlsalat 146
Vorratshaltung 13

Wein-Lexikon 179 ff.
Wiener Schnitzel & Co. panieren
   (Basic-Rezept) 151
Wiener Schnitzel 153
Würstel kochen (Basic-Rezept) 77

Zucchini-Tomaten-Gemüse 102 f.

Register nach Sachgruppen

Kalte Happen und Salate
Avocadococktail mit Shrimps 98
Butterbrot, klassisches, mit Schnitt-
   lauch 57
Caprese-Salat 70
Gurkensalat 146
Gurkensalat, indischer 133 f.
Hamburger, Alt-Wiener 66 f.
Karotten-Sojasprossen-Salat,
   süß-saurer 64 f.
Käse-Sandwich 62
Katerfrühstück mit „jungfräulicher
   Bloody Mary", Zwiebel-Hering und
   Saurer Wurst 46

Kräuteraufstrich 33
Lachs-Carpaccio mit Selleriechips 108 f.
Nudel-Salat, mediterrraner, mit
 Prosciutto 70 f.
Paprika-Leberkäse-Salat mit
 Glasnudeln 134 f.
Power-Weckerl 58
Radieschen-Gurken-Carpaccio mit
 Räuchermakrele und Dilljoghurt
 75 f.
Raita s. Gurkensalat, indischer
Saiblingsstreifen, gebratene, auf
 Vogerlsalat mit Ingwer-Marinade und
 Brotchips 145 f.
Salat-Marinade 146
Saure Wurst 46
Schinken-Curry-Baguette 61
Studenten-Frühstück, russisches 35
Thunfisch-Tramezzini 64
Tomatensalat 146
Tramezzini 59
Tramezzini-Doppeldecker 63
Vogerlsalat 146

Kleine warme Gerichte und Suppen
Arme Ritter 94
Bierlipperl 123
Big Brunch mit Bratwürstchen und
 englischen Bohnen auf Toast 44 f.
Blätterteig-Schnecken, pikante, auf
 zweierlei Art 124 f.
Bratwürstel 77
Brunch 45
Cremesuppen 101
Croque Monsieur 42
Eier kochen (Basic-Rezept) 36
Eier, weich gekochte 35
Eierspeis', Wiener 37
Eierspeis-Brot 80
Eintropfsuppe, böhmische 76 f.
Faschierte Laibchen s. Alt-Wiener
 Hamburger
Frittata 72
Frittaten 49, 147
Frühstück, Wiener, mit weich
 gekochtem Ei 34
Ham and Eggs mit Vitalgemüse 38 f.
Käsetoast 79
Kürbiscremesuppe, samtige,
 mit Croûtons 100 f.
Minestrone 138 f.
Nudeln kochen (Basic-Rezept) 72 f.
Pizza 126 f.
Rindsuppe mit Kräuter-Frittaten 147 f.
Rührei mit Speck
 auf Vollkorntoast 36 f.
Schinkentoast 79
Spezialtoast 78 f.
Spiegeleier mit Lachs 39
Strammer Max 80
Süßkartoffel-Salami-Tortilla 81
Toast Lucullus 110
Würstel kochen (Basic-Rezept) 77

Warme Gemüsegerichte und Beilagen
Bratkartoffeln 130
Champignon-Reis 106
Couscous 20, 85, 102 f.
Gemüse-Wok mit Tofu 105
Gnocchi 90, 93
Ham-and-Eggs mit Vitalgemüse 38 f.
Kartoffelgratin 117 f.
Kartoffeln kochen (Basic-Rezept) 130 f.
Kartoffelpüree 130
Mais-Chili-Topf 112 f.
Melanzani-Zucchini-Gemüse,
 orientalisches, mit Coscous 85
Petersilkartoffeln 130
Pommes frites 131
Reis kochen (Basic-Rezept) 106
Reis, gebratener 92
Reispfanne, schnelle 92
Risipisi 106

Risotto 106
Salzkartoffeln 130
Spaghetti aglio e olio 90
Spaghetti all' arrabbiata 90
Speck-Basilikum-Gnocchi 93
Speckfisolen 117 f.
Spinatpastete 132 f.
Tofu-Steaks 103
Zucchini-Tomaten-Gemüse 102 f.

Hauptspeisen mit Fisch oder Fleisch
Backhenderl 152
Brathuhn s. Braten-Basic-Rezept
Chicken Wings mit Mais-Chili-Topf
 und Bratkartoffeln 112 f.
Curry-Fischfilet mit Zucchini-Tomaten-
 Gemüse und Couscous 102 f.
Ente, gebratene s. Braten-Basic-
 Rezept
Fleischbällchen, indische 128 f.
Gemüse-Wok mit Hühnerfilet und
 Reis 104 f.
Kürbiskern-Schnitzerl mit
 Petersilkartoffeln 152 f.
Lammkoteletts mit Kartoffelgratin
 und Speckfisolen 117 f.
Melanzani-Fleisch-Eintopf 85
Muscheltopf in Weißwein-Tomaten-
 sauce mit Knoblauch-Toast 149 f.
Schweinsbraten s. Braten-Basic-
 Rezept
Spaghetti alla bolognese 86 f.
Spaghetti Carbonara 90
Wiener Schnitzel 153

Süße Gerichte
Beerenpüree 142
Blitz-Schoko-Croissant 50
Croissant 50

Dinkel-Palatschinken mit
 Ahornsirup 48
Feigen mit griechischem
 Joghurt 52
Heiße Liebe auf exotische Art 107
Irenes Bratäpfel 159
Kirschtrüffeln, weiße 143
Malakoff-Nockerln mit
 Beerenpüree 142 f.
Marmelade-Palatschinken 49
Marmorgugelhupf 156 f.
Müsli, schnelles 51
Palatschinken 49
Pinien-Haferflocken-Chips 158
Rehrücken, Omis 139 f.
Schokomousse-Nockerln mit
 Himbeeren 120
Somloer Nockerln 158

Drinks und Getränke
Azteken-Schokolade mit Chili,
 heiße 55
Beeren-Bowle 167
Bellini 165
Bloody Mary 46
Filterkaffee 52 f.
Frucht-Cocktail 163
Hollersekt 163
Margarita 165
Marzipan-Shake 162
Melonen-Shake 161
Orangen-Bowle ohne Reue 166
Orangen-Bowle, echt starke 166
Orangen-Grapefruitsaft,
 handgepresster 53
Punsch, grüner 171
Sangria, mal mit, mal ohne 170
Schokolade, heiße 55
Tee kochen (Basic-Rezept) 54

Die Autorin

RENATE WAGNER-WITTULA, in Addis Abeba geborene Linzerin, studierte Germanistik, Anglistik und Kulturelles Management in Wien; Mutter von zwei Töchtern; freie Schriftstellerin und Lektorin; zahlreiche Veröffentlichungen: Reisen, Austriaca u. Kochen (u. a. „Aus Kaisers Küche", „Aus Pfarrers Küche"); Redaktionsleiterin von „Wo isst Österreich?". Gemeinsam mit Ehemann Christoph Wagner betreute sie für den Pichler Verlag zahlreiche Kochbuch-Bestseller („Die Mittelmeerküche", „Schnelle Küche", „Das Neue Sacher Kochbuch"). Lebt in Wien.

Der Fotograf

KURT-MICHAEL WESTERMANN, geboren 1951, renommierter Bildjournalist für internationale Magazine, hat viel beachtete und prämierte Bildbände veröffentlicht; für den Pichler Verlag fotografierte er zuletzt „Weihnachtsbäckerei aus Österreich" und „Feinste Öle. Kochen und Genießen mit edlen Essenzen".

www.km-westermann.com

ISBN: 978-3-85431-432-5
© 2007 by Pichler Verlag in der
Verlagsgruppe Styria GmbH & Co KG
Wien–Graz–Klagenfurt
Alle Rechte vorbehalten
www.pichlerverlag.at

Lektorat: Dietmar Unterkofler
Fotos: Kurt-Michael Westermann
Umschlag- und Buchgestaltung: Bruno Wegscheider

Reproduktion: Pixelstorm, Wien
Druck und Bindung
MKT Print, Ljubljana, Slowenien